职业教育智能网联汽车技术专业教材

智能汽车底盘装配与检查

主　编　姚立泽　缑庆伟　伊春雨
副主编　张克军　胡　浩

ZHINENG QICHE
DIPAN
ZHUANGPEI
YU JIANCHA

人民交通出版社

北京

内 容 提 要

本书是职业教育智能网联汽车技术专业教材。全书共分五个模块，主要内容有：智能汽车底盘概述、智能汽车传动系统装配与检查、智能汽车行驶系统装配与检查、智能汽车转向系统装配与检查和智能汽车制动系统装配与检查。

本书可作为职业院校智能网联汽车技术专业的教学用书，也可作为从事汽车智能技术、智能网联汽车技术专业相关技术人员的培训教材。

图书在版编目（CIP）数据

智能汽车底盘装配与检查／姚立泽，缑庆伟，伊春雨主编. —北京：人民交通出版社股份有限公司，2025.2. —ISBN 978-7-114-18924-1

Ⅰ. U463.1

中国国家版本馆 CIP 数据核字第 2025KA7340 号

书　　名：	智能汽车底盘装配与检查
著 作 者：	姚立泽　缑庆伟　伊春雨
责任编辑：	戴慧莉
责任校对：	龙　雪
责任印制：	张　凯
出版发行：	人民交通出版社
地　　址：	(100011)北京市朝阳区安定门外外馆斜街 3 号
网　　址：	http://www.ccpcl.com.cn
销售电话：	(010)85285911
总 经 销：	人民交通出版社发行部
经　　销：	各地新华书店
印　　刷：	北京虎彩文化传播有限公司
开　　本：	787×1092　1/16
印　　张：	11
字　　数：	271 千
版　　次：	2025 年 2 月　第 1 版
印　　次：	2025 年 2 月　第 1 次印刷
书　　号：	ISBN 978-7-114-18924-1
定　　价：	39.00 元

（有印刷、装订质量问题的图书，由本社负责调换）

PREFACE 前 言

近年来,全球新一轮的科技革命和产业变革加速演进,新一代信息技术及其深度应用已经推动人类社会步入新的发展阶段,智能经济蓬勃发展,对经济社会发展影响深远。汽车技术的发展日新月异,电动化、网联化、智能化、共享化成为汽车产业发展潮流和趋势。目前,我国汽车产业总体水平处于国际领先地位,自主品牌市场份额逐年提高,关键零部件供给能力明显增强,新能源汽车产业体系日渐完善,电池、电机、电控及整车具有较强的国际竞争力,这为智能汽车的发展奠定了坚实的基础。从政策发展来看,2015年5月,国务院印发《中国制造2025》发展纲要,汽车被列入"十大重点领域","智能网联汽车"首次在国家政策层面正式提出。2019年9月,中共中央、国务院印发《交通强国建设纲要》,提出加强智能网联汽车(智能汽车、自动驾驶、车路协同)研发,形成自主可控完整的产业链。国家发展改革委、工业和信息化部等11部委联合发布《智能汽车创新发展战略》,提出到2025年,实现有条件自动驾驶的智能汽车达到规模化生产,实现高度自动驾驶的智能汽车在特定环境下市场化应用。2021年2月,国务院印发《国家综合立体交通网规划纲要》,提出推进智能网联汽车(智能汽车、自动驾驶、车路协同)应用,推动智能网联汽车与智慧城市协同发展。在政策、技术与市场等多重因素的影响下,汽车产业作为国民经济的重要支撑产业,与能源、交通、信息通信等领域有关技术加速融合,正朝着网联化、智能化进程加速推进。智能网联汽车技术的发展已进入快车道。然而，目前国内职业院校汽车专业人才培养供给难以满足智能网联汽车产业发展需求。

2021年4月，中国汽车工程学会、国家智能网联汽车创新中心发布了全国职业院校《智能网联汽车专业建设白皮书(2021版)》，为职业院校智能网联汽车技术专业建设提供了思路。为了抓住汽车产业智能化发展战略机遇，满足行业对智能网联汽车技术专业人才的需求，加快推进智能汽车技术创新发展，人民交通出版社股份有限公司组织相关院校教师与企业专家共同开发了职业教育智能网联汽车技术专业教材。本系列教材具有以下特点：

1. 以爱党、爱国、爱社会主义、爱人民、爱集体为主线，围绕政治认同、家国情怀、文化素养、宪法法治意识、道德修养等因素，深入挖掘教材内容中蕴含的思政资源，提炼并利用教材思政元素，寓价值观引导于知识传授和能力培养之中，帮助学生树立正确的世界观、人生观、价值观，实现全员全程全方位育人。

2. 立足先进的职业教育理念，紧跟汽车新技术的发展步伐，结合智能网联汽车技术专业的人才培养模式和课程体系设置进行教材内容设置，及时反映产业升级和行业发展需求，体现新知识、新技术、新工艺、新方法、新材料。

3. 以就业为导向，以职业能力培养为核心，注重学生实践应用能力的培养和技能的提升，使学生培养过程实现"理实一体"，旨在为行业培养高素质的智能网联汽车技术技能人才。

4. 教材呈现形式立体化，借助现代信息技术，科学整合多媒体、多形态、多层次的教学资源，所有教材均配有PPT课件及习题答案。

《智能汽车底盘装配与检查》是本系列教材之一。全书由北京交通运输职业学院姚立泽、缑庆伟、伊春雨担任主编，辽宁机电职业技术学院张克军、北京交通运输职业学院胡浩担任副主编，参加编写的还有杨远满、潘越广、姚鸿博、曹阔、刘建飞。教材总体架构由姚立泽、缑庆伟搭建,模块一由姚立泽、张克军主笔编写,模块二由杨远满主笔编写,模块三由胡浩主笔编写,模块四由姚立泽、伊春雨主笔编写,模块五由张克军主笔编写。作者在编写过程中引用了相关文献,特向文献作者表示诚挚的谢意。

由于智能网联汽车技术是一门新兴专业,涉及知识面较广,限于作者水平,书中难免出现疏漏或错误之处,恳请读者给予指正。

作　者

2024 年 9 月

目 录 CONTENTS

模块一 智能汽车底盘概述 ·········· 1
    一　智能汽车底盘机械结构 ·········· 2
    二　智能汽车底盘线控技术 ·········· 7
    拓展阅读 ·········· 10
    技能实训 ·········· 11
    思考与练习 ·········· 18

模块二 智能汽车传动系统装配与检查 ·········· 19
    一　燃油汽车传动系统 ·········· 20
    二　纯电动汽车传动系统 ·········· 29
    三　线控驱动系统 ·········· 36
    拓展阅读 ·········· 41
    技能实训 ·········· 43
    思考与练习 ·········· 53

模块三 智能汽车行驶系统装配与检查 ·········· 55
    一　车轮与轮胎 ·········· 56
    二　悬架系统 ·········· 62
    三　线控悬架系统 ·········· 65
    拓展阅读 ·········· 71
    技能实训 ·········· 72

思考与练习 …………………………………… 85

模块四 智能汽车转向系统装配与检查 …………… 87

　　一　液压助力转向系统 …………………………… 88
　　二　电动助力转向系统 …………………………… 96
　　三　线控转向系统 ………………………………… 99
　　拓展阅读 …………………………………………… 106
　　技能实训 …………………………………………… 107
　　思考与练习 ………………………………………… 119

模块五 智能汽车制动系统装配与检查 …………… 121

　　一　行车制动系统 ………………………………… 122
　　二　驻车制动系统 ………………………………… 132
　　三　线控制动系统 ………………………………… 135
　　拓展阅读 …………………………………………… 140
　　技能实训 …………………………………………… 142
　　思考与练习 ………………………………………… 164

参考文献 ……………………………………………… 166

模块一

智能汽车底盘概述

学习目标

❖ 知识目标
1. 了解智能汽车底盘传动系统、行驶系统、转向系统、制动系统组成及结构;
2. 理解底盘线控技术含义,了解线控技术发展历程;
3. 了解线控技术在智能汽车底盘上的应用。

❖ 技能目标
1. 能够在实车上识别底盘线控系统部件;
2. 能够对底盘线控系统进行基本的目视检查。

❖ 素养目标
1. 养成良好的学习习惯,具备自主学习意识;
2. 对智能汽车底盘技术产生学习兴趣。

建议课时
6 课时

一 智能汽车底盘机械结构

（一）什么是智能汽车

智能汽车指集环境感知、规划决策、多等级辅助驾驶等功能于一体的综合系统,运用计算机、现代传感、信息融合、通信、人工智能及自动控制等技术,以实现汽车按照人的意愿到达目的地,最终实现替代人来操作的目的的汽车。

图1-1 所示为无人驾驶汽车。

a) 新石器无人车　　　　　　b) 百度Apollo自动驾驶汽车

图1-1　无人驾驶汽车

狭义的智能汽车是指具有自动驾驶功能,或能按照既定程序有序运行的汽车,无须人工驾驶;广义的智能汽车是指拥有辅助驾驶或自动驾驶功能的现代汽车,还须人工驾驶。如新石器无人车、百度 Apollo 自动驾驶汽车、红旗、奔驰、保时捷等高端燃油汽车,以及蔚来、理想、小鹏、特斯拉等高端电动汽车。图1-2 所示为特斯拉 model S。

图1-2　特斯拉 model S

智能汽车是典型的高新技术综合体,涉及多学科领域。近年来,智能车辆已成为世界车辆工程领域、特定环境下工程领域研究的热点。未来相当长一段时间,智能汽车将迅速发展,将为我国汽车工业增长提供新动能。

（二）智能汽车底盘传动系统

1. 燃油汽车底盘传动系统

汽车底盘分为传动系统、行驶系统、转向系统、制动系统四大系统。燃油汽车与纯电动汽车相比,因为动力源不同,传动系统也有一定差异。

燃油汽车传动系统由离合器(或液力变矩器)、变速器、传动轴和驱动桥等部件组成,其主要作用是将发动机的动力传递到车轮,实现车辆的行驶和操作,燃油汽车传动系统如图 1-3 所示。

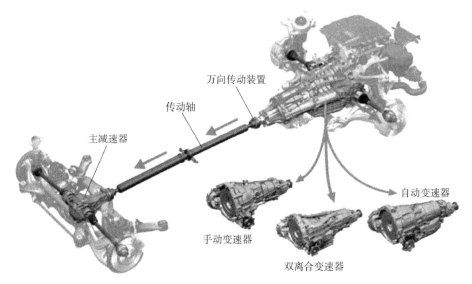

图 1-3　燃油汽车传动系统

对于手动挡车型,由离合器将发动机动力传递给手动变速器;对于自动挡车型,由液力变矩器或双离合器将发动机动力传给自动变速器。发动机前置前驱车辆传动系统不包含中间传动轴,由两组不等长的万向传动装置将发动机动力传递给两个前轮。发动机前置后驱车辆传动系统含有中间传动轴,即万向传动装置,其驱动桥由主减速器、差速器组成。

燃油汽车底盘
传动系统

对于四驱车辆,传动系统中一般还安装有分动器,四轮驱动车辆传动系统如图 1-4 所示。汽车分动器的作用是将变速器输出的动力进一步增大转矩,分配到各驱动桥,便于汽车在冰雪、泥沙和不平坦的路面行驶。

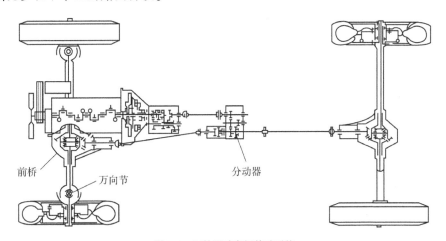

图 1-4　四轮驱动车辆传动系统

2. 纯电动汽车底盘驱动系统

纯电动汽车底盘结构与燃油汽车底盘结构差异最大之处就是传动系统。由于纯电动汽车的动力来源为电机，而电机需要靠动力蓄电池提供电能，因此，纯电动汽车底盘结构比燃油汽车底盘结构减少了发动机，增加了驱动电机、动力蓄电池、电机驱动单元等部件。在纯电动汽车上，通常将驱动电机、电机控制器、机械传动装置等部件称为纯电动汽车驱动系统。纯电动汽车驱动系统如图1-5所示。

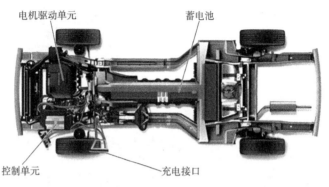

图1-5 纯电动汽车驱动系统

对于纯电动汽车，油门、换挡机构均采用了线控技术，目前主流的驱动方案有集中电机驱动和分布电机驱动。其中，集中电机驱动方案应用最为广泛，而轮边和轮毂电机则是分布电机驱动的发展方向。轮毂电机汽车底盘如图1-6所示。

图1-6 轮毂电机汽车底盘

（三）智能汽车底盘行驶系统

燃油汽车、纯电动汽车、自动驾驶汽车底盘行驶系统的机械结构没有本质差异，都是由车架、车桥、车轮和悬架等组成，如图1-7所示。轿车的车架与车身通常集成为一个整体，称为承载式车身，是全车的装配基体；前后车轮分别支承着前车桥和后车桥，以驱动汽车按照驾驶人意图行驶；车桥又通过前后弹性悬架与车架（承载式车身）连接，减少汽车在路面上行驶时受到的冲击和振动。

行驶系统的作用是接受发动机或驱动电机经传动系统传来的动力，通过驱动轮与路面的作用产生牵引力，使汽车正常行驶；承受汽车的总质量和地面的反力；缓和不平路面对车身造成的冲击,衰减汽车在行驶中的振动,保持行驶的平顺性;与转向系统配合,实现汽车行驶方向的正确控制,保证汽车操纵稳定性。

图1-7　汽车行驶系统结构组成

(四)智能汽车底盘转向系统

燃油汽车、纯电动汽车底盘转向系统由转向操纵机构、转向器、转向传动机构及动力转向装置等组成。转向系统是用来改变或保持汽车行驶或倒退方向的一系列装置,最终目的是按照驾驶人的意愿控制汽车的行驶方向,汽车行驶系统结构示意图如图1-8所示。

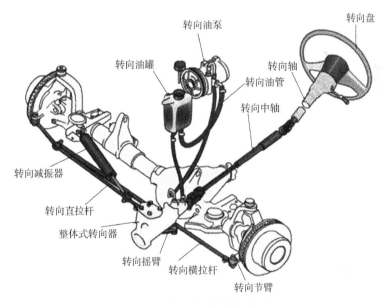

图1-8　汽车行驶系统结构示意图

对于自动驾驶汽车,转向盘、转向轴等机械部件被取消,取而代之的是线束、传感器、电机、控制单元等。由于部分机械部件的取消,使得转向盘与转向机构得以解耦,相对于传统汽车转向系统,能够节省部分空间,提高空间利用率,减轻了汽车的总质量。图1-9所示为无转向盘的自动驾驶汽车内部。

图 1-9　无转向盘的自动驾驶汽车内部

（五）智能汽车底盘制动系统

汽车制动系统的作用是使行驶中的汽车按照驾驶人的意图减速或停车、使已停驶的汽车在各种道路条件下（包括在坡道上）稳定驻车、使下坡行驶的汽车速度保持稳定。无论是燃油汽车，还是纯电动汽车，制动系统一般由供能装置、控制装置、传动装置和制动器四部分组成。供能装置包括供给、调节制动所需能量以及改善传能介质状态的各种部件，如气压制动系统中的空气压缩机、液压制动系统中的液压泵；控制装置是产生制动动作和控制制动效果的部件，如制动踏板；传动装置是将驾驶人或其他动力源的作用力传到制动器的同时控制制动，从而获得所需制动力矩的部件，包括推杆、制动主缸、制动管路、制动轮缸等；制动器是产生阻碍车辆的运动或运动趋势的力的部件，一般分为盘式制动器、鼓式制动器两类，不同类型制动器结构组成各不相同。图 1-10 所示为汽车制动系统结构示意图。

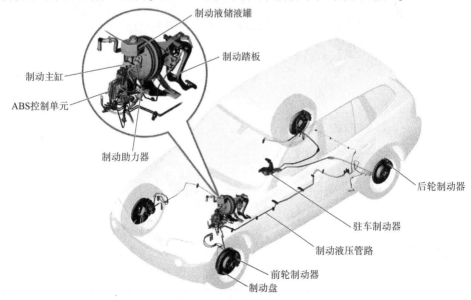

图 1-10　汽车制动系统结构示意图

智能汽车底盘线控技术

（一）什么是线控技术

汽车线控技术就是将驾驶人的操作动作或管理员设置的行驶要求经过传感器转变成电信号，电信号经功率放大再推动执行机构运行。线控技术的实质就是在需要有机构动作的地方取消液压传动、机械传动，取而代之的是利用弱电信号控制强电执行机构来完成机构动作。在以前，线控系统中的弱电信号采用模拟信号较多，现阶段多采用数字信号。

汽车底盘线控技术包括线控油门、线控换挡、线控悬架、线控转向、线控制动等部分。当汽车车身与底盘完全消除机械传动时，我们称此底盘结构为滑板底盘，如图1-11所示。

图1-11 汽车底盘线控技术应用——滑板底盘

线控底盘的介绍

（二）智能汽车底盘线控技术的发展及应用

1. 线控技术兴起

线控技术来源于飞机控制系统。飞机线控系统是将飞机驾驶员的操纵命令转换成电信号，利用电子控制单元（ECU）控制飞机飞行的控制系统。线控技术又被称为电传操纵技术，能够不通过机械传动装置控制各执行器（副翼、升降舵等）动作，从而控制飞机的航向和高度等，电传飞控系统架构如图1-12所示。

随着电子技术的发展，电子控制系统在汽车中的应用范围越来越广，汽车也越来越趋向于集成化、模块化、机电一体化及智能化。线控技术在汽车领域的应用开始于20世纪五六十年代，美国TRW转向系统供应商和德国Kasselmann等尝试在转向系统中用控制信号代替机械连接；德国奔驰汽车公司在1990年开始研究分析前轮线控转向系统，并在1996年将研究成果应用在F200 Carving概念车上。图1-13所示为奔驰F200概念车。

2. 底盘线控技术发展及应用

进入21世纪，汽车底盘线控技术快速发展。2001年，意大利Berstone汽车设计及开发公司展示了新型概念车FILO，该车采用了电控油门（Drive-By-Wire，DBW）技术，所有的驾驶动作都通过信号传递，使用操纵杆进行转向操作，采用42V供电系统；2005年，美国通用汽车公司推出氢燃料驱动-线传操作的Hy-Wire概念车（图1-14）和Sequel概念车，转向系统、制动系统和其他一些系统均采用线控技术;2006 年和 2008 年,日产汽车公司先后推出了 PIvo 概念车和 BA2 概念车,其转向系统和制动系统均采用了线控技术;2010 年,丰田汽车公司推出了 FT-EV 概念车(图 1-15),通过操纵杆实现加速、制动、转向等全部功能;2013 年,英菲尼迪 Q50 成为第一款"线控主动转向"量产车型,颠覆了 120 多年的机械转向历史;2017 年,耐世特汽车系统集团有限公司研发了"静默转向盘系统"和"随需转向系统",该系统在自动驾驶模式下转向盘能够保持静止,并且收缩到仪表盘上,节省汽车内部空间。

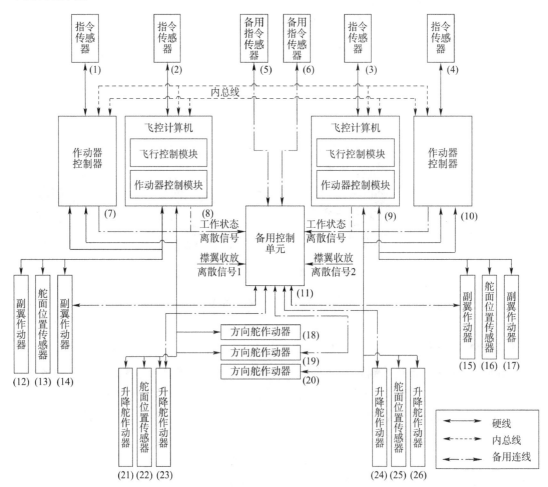

图 1-12 电传飞控系统架构

图 1-13 奔驰 F200 概念车

模块一 智能汽车底盘概述

图1-14 通用Hy-Wire概念车

图1-15 丰田FT-EV概念车

从2016年起,我国汽车智能技术、底盘线控技术进入迅速发展期,造车新势力企业纷至沓来。2020年3月,长安跨越车辆有限公司在重庆完成首个全新跨界车型——长安UNI-T(图1-16)L3自动驾驶的量产体验,该车在交通拥堵情况下,可实现驾驶人的长时间"脱脚""脱手",车载传感器采集车辆速度、转向盘转角等信号,通过电子控制单元向转向盘操纵模块和制动器操纵模块发送指令,完成车辆横向运动、纵向运动的协调控制,若驾驶人在系统提醒接管后不接管,线控制动系统将自动将车辆减速至停车。当拥堵解除、前车车速高于40km/h后,线控驱动系统和线控转向系统自动控制车速与转向,确保在驾驶人无法监视的时候,车辆能够在车道内正常行驶;2021年6月29日,长城汽车股份有限公司首次发布了智慧线控底盘(图1-17),该车用底盘整合了线控转向、线控制动、线控换挡、线控油门、线控悬架5个核心底盘系统,涵盖车辆前、后、左、右、上、下6个自由度的运动控制,囊括所有底盘驾驶动作,达成了1个大脑协调5大系统、实现6个自由度控制的优异表现。

图1-16 长安UNI-T轿车

图1-17 长城汽车智慧线控底盘

3. 底盘线控技术的未来

线控底盘是汽车自动驾驶的重要执行基础,是实现高等级自动驾驶的必需部件,未来汽车底盘必将朝着智能化、电动化、轻量化、集成化方向发展。通过底盘线控技术智能化发展,引入更先进的传感器和控制系统,使底盘线控技术能够更好地适应不同路况和驾驶需求,提高车辆的稳定性和安全性;通过底盘线控技术电动化发展,汽车底盘线控技术将实现更精准的控制和更灵活的调节,其在燃油汽车、纯电动汽车上的应用将更加广泛;通过底盘线控技术轻量化设计,汽车将采用更轻的材料和更精简的结构设计,进一步提高汽车的燃油经济性和动力性能;通过底盘线控技术集成化发展,线控底盘系统将与其他车辆控制系统整合,实现更高效的协同工作和更灵活的调节,显著提高整车的性能和安全性,提升驾乘体验。

拓展阅读

滑板底盘

滑板底盘属于非承载车身结构,指将悬架系统、制动系统、转向系统以及三电系统(蓄电池、电机、电控系统)等模块整合到底盘中,能满足上下车体分离式及一体式设计的结构。滑板底盘如图1-18所示。

图1-18 滑板底盘

1. 滑板底盘构成

(1)线控系统。线控系统是滑板底盘的核心组成部分,包括线控转向、线控制动、线控换挡、线控油门等。其中,线控转向和线控制动等高端线控技术是未来的发展重点,目前我国的线控换挡、线控油门等传统线控技术已相对成熟。

(2)三电系统。蓄电池、电机和电控系统是滑板底盘的动力来源,对于电动汽车的性能至关重要。蓄电池的能量密度、续驶里程、充电速度等直接影响着滑板底盘的应用效果。

(3)结构件。结构件包括底盘的框架、悬架系统的支承结构等,起到支承和连接各个部件的作用,需要具备足够的强度和刚度,以保证底盘的稳定性和可靠性。

(4)热管理系统。热管理系统负责管理蓄电池、电机等部件的温度,确保其在合适的温度范围内工作,以提高部件的性能和延长寿命。

2. 滑板底盘优势

(1)缩短研发周期。从事汽车研发和组装的企业(简称车企)可以大幅降低前期的研发和测试成本,实现上下车体解耦平行开发。例如,传统的汽车底盘开发需要较长时间进行各个系统的集成和调试,而滑板底盘将众多关键部件提前整合,减少了开发过程中的复杂性和时间成本,车企能够更快速地推出新车型以响应市场需求。

(2)提高空间利用率。底盘集成度高,电芯可以直接集成在底盘里面,为车辆上部提供了更多的空间,车内空间布局更加灵活,有利于提升乘坐舒适性和载物能力。

(3)增强车型通用性。同一个滑板底盘可以适配不同的车型,如轿车、SUV、MPV,甚至皮卡、货车等,为车企提供了更多的车型选择和开发可能性,降低了车企针对不同车型的底盘研发投入。

(4)提升汽车性能。滑板底盘的高度集成化和优化设计,能够使汽车动力传动系统、悬架系统等性能得到更好的发挥,提高汽车的操控性、稳定性和安全性。

3. 滑板底盘发展现状

(1)国际方面。美国的Rivian、Canoo,以色列的REE等公司是全球知名的滑板底盘生产商,Rivian 于 2021 年在纳斯达克上市,成为滑板底盘赛道的明星公司,其推出的 R1T 车型是全球首个滑板底盘量产车型。

(2)国内方面。我国的滑板底盘市场主要参与者包括比亚迪、悠跑科技、宁德时代、长城汽车、阿尔特等。2024 年 8 月,哪吒 S 猎装版上市,成为全球首款搭载宁德时代 CIIC 一体化智能底盘的量产乘用车。

4. 面临的挑战

(1)技术成熟度。部分关键技术(如线控转向等)仍有待进一步发展和完善,以提高系统的可靠性和安全性。

(2)维修成本。由于滑板底盘的高度集成化,一旦出现故障,维修难度和维修成本可能较高,对售后服务体系提出了更高的要求。

(3)规模化生产。为满足汽车底盘高度集成化的要求,需要对各零部件的生产环节进行严格把控,成本较高,目前滑板底盘尚未实现规模化生产。

技能实训

一、底盘系统部件目视检查

(一)燃油汽车底盘系统部件目视检查

1. 准备工作

1)任务要求

(1)熟悉燃油汽车传动系统、行驶系统、转向系统、制动系统部件组成;

(2)能够实车指认传动系统、行驶系统、转向系统、制动系统部件;

(3)能够依据技术标准对传动系统、行驶系统、转向系统、制动系统进行目视检查。

2)组织方式

(1)学生自主查阅学习资料,熟悉传动系统、行驶系统、转向系统、制动系统部件组成,绘制燃油汽车底盘结构思维导图;

(2)以小组为单位,结合学习资料,在实车上指认传动系统、行驶系统、转向系统、制动系统部件,并贴上标签;

(3)在教师的引导下,查阅相关技术标准要求,以小组为单位目视检查传动系统、行驶系统、转向系统、制动系统部件,每组 3~6 人,其中,1 人担任组长,1~2 人担任质检员,1 人担任记录员,1 人担任安全员,如人员较少,部分职责可兼任;

(4)撰写燃油汽车底盘传动系统、行驶系统、转向系统、制动系统目视检查报告。

3)实施准备

(1)安全要求及注意事项。学员进入实训区务必穿工服,严格遵守实训区安全作业规程,严禁非专业人员或无实训教师在场的情况下私自操纵举升机、带电设备。

（2）场地设施。满足理论及实践教学的工学一体化教学及实训场地。

（3）工具设备或耗材。燃油汽车底盘部件目视检查实训的工具设备或耗材见表1-1。

燃油汽车底盘部件目视检查实训的工具设备或耗材　　　　　表1-1

名称及数量	对应图片
科鲁兹实训轿车1辆	
举升机1台	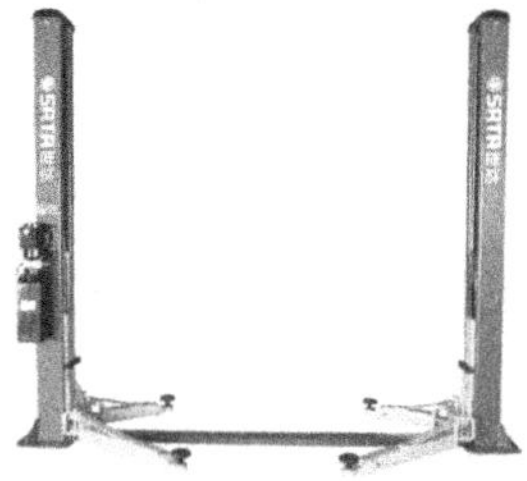
手电筒1个	
清洁布1块	

2. 实施步骤

燃油汽车底盘部件目视检查实训的实施步骤见表1-2。

燃油汽车底盘部件目视检查实训的实施步骤　　　　　表1-2

操作步骤	参考图片
1）举升车辆 （1）检查车辆重心位置； （2）找准支承点，调整支承块高度和位置； （3）举升车辆，车轮微微抬起后检查支承点； （4）举升车辆至低位，用手按压车辆前方2~3次，确保车辆稳固； （5）举升车辆至高位，锁止举升机	

续上表

操作步骤	参考图片
2）传动系统部件目视检查 （1）检查变速器、驱动桥、万向传动装置是否存在裂纹、凹陷等机械损伤； （2）检查变速器、驱动桥油封、密封处是否存在漏油； （3）检查万向传动装置防尘罩是否漏油，如果是前置后驱轿车，还需要检查传动轴是否存在平衡块脱落	
3）行驶系统部件目视检查 （1）检查车轮轮胎是否存在严重磨损，是否存在刺破现象，检查车轮平衡块是否有缺失； （2）检查车桥、控制臂、螺旋弹簧、减振器、隔振垫是否有断裂、破损等机械故障； （3）检查减振器是否漏油，连接处螺栓连接是否牢固	
4）转向系统部件目视检查 （1）检查转向器是否存在裂纹、变形等机械损伤； （2）检查转向器是否存在漏油； （3）检查转向横拉杆是否存在变形、锈蚀	
5）制动系统部件目视检查 （1）检查制动主缸、制动管路、制动软管、制动轮缸是否存在机械损坏及漏油； （2）检查制动盘、制动摩擦片是否存在严重磨损、锈蚀等	

续上表

操作步骤	参考图片
6）降低车辆，举升机复位 （1）降低车辆； （2）移开支承臂	

（二）纯电动汽车驱动系统部件目视检查

1. 准备工作

1）任务要求

（1）熟悉纯电动汽车驱动系统部件组成；

（2）能够实车指认纯电动汽车驱动系统部件；

（3）能够依据技术标准对纯电动汽车驱动系统进行目视检查。

2）组织方式

（1）学生自主查阅学习资料，熟悉纯电动汽车驱动系统部件组成，绘制纯电动汽车底盘结构思维导图；

（2）以小组为单位，结合学习资料，在纯电动汽车上指认驱动系统部件，并贴上标签；

（3）在教师的引导下，查阅相关技术标准要求，以小组为单位目视检查纯电动汽车驱动系统部件，每组3~6人，其中，1人担任组长，1~2人担任质检员，1人担任记录员，1人担任安全员，如人员较少，部分职责可兼任；

（4）撰写纯电动汽车底盘驱动系统目视检查报告。

3）实施准备

（1）安全要求及注意事项。学员需要考取低压电工证，并通过纯电动汽车相关培训；学员进入实训区务必穿工服，严格遵守实训区安全作业规程，严禁无安全员、无实训教师在场的情况下私自检查、接触纯电动汽车高压系统。

（2）场地设施。满足理论及实践教学的工学一体化教学及实训场地。

（3）工具设备或耗材。纯电动汽车底盘驱动系统目视检查实训工具设备或耗材见表1-3。

纯电动汽车底盘驱动系统目视检查实训工具设备或耗材　　　　表1-3

名称及数量	对应图片
特斯拉 model s 实训轿车1辆	

续上表

名称及数量	对应图片
举升机 1 台	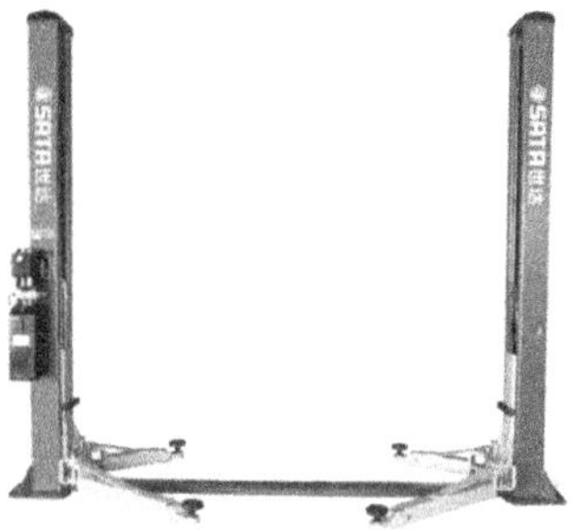
手电筒 1 个	
护目镜 1 副	
安全帽 1 顶	
绝缘手套 1 副	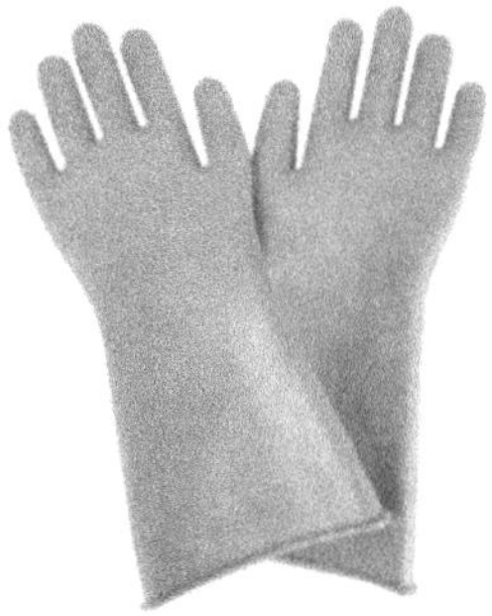

续上表

名称及数量	对应图片
清洁布 1 块	

2. 实施步骤

纯电动汽车底盘驱动系统目视检查实训的实施步骤见表 1-4。

纯电动汽车底盘驱动系统目视检查实训的实施步骤　　　　表 1-4

操作步骤	参考图片
1)人员、车辆安全防护,举升车辆,实施高压禁用操作 (1)移开外部充电设备,关闭点火开关,断开蓄电池负极; (2)穿绝缘鞋,佩戴绝缘手套、安全帽、护目镜,设置车辆作业围栏,摆放警示标识; (3)举升车辆; (4)断开高压维修开关,等待 5min	
2)驱动电机目视检查 (1)驱动电机蓄电池壳体是否有裂纹、变形; (2)驱动电机是否泄露冷却液或润滑油; (3)螺栓是否松动; (4)电缆连接是否完好	
3)电机控制器目视检查 (1)电机控制器壳体是否有裂纹、变形; (2)螺栓是否松动; (3)电缆连接是否完好	

续上表

操作步骤	参考图片
4）机械传动装置目视检查 (1) 主减速器、差速器是否有裂纹、变形、泄露； (2) 万向传动装置是否弯曲，半轴胶套是否泄露	
5）降低车辆，举升机复位 (1) 降低车辆； (2) 移开支承臂	

二、技能考核标准

技能考核标准见表1-5。

技能考核标准　　　　　　　　　　表1-5

序号	项目	评价内容	评价分值	学生自评	学生互评	教师评价
1	时间要求	能按照规定时间完成任务	5			
2	质量要求	安全防护符合要求	10			
3		举升车辆规范	15			
4		认真查阅资料，检查无漏项	15			
5		能说出底盘部件专业名称	10			
6	安全意识	穿工服、绝缘鞋、佩戴安全帽、绝缘手套、护目镜等防护用品	10			
7		注重车辆防护	10			
8		能按要求检查防护用品	10			
9	环保意识	如产生废弃物及时处理	5			
10		注重环境卫生保持与清洁	5			
11	职业精神	团队意识，主动学习	5			
		合计	100			

思考与练习

一、判断题

1. 智能汽车是集环境感知、规划决策、多等级辅助驾驶等功能于一体的综合系统。（   ）

2. 在纯电动汽车上,通常将驱动电机、电机控制器、DC/DC 变换器等部件称为纯电动汽车驱动系统。（   ）

3. 针对纯电动汽车,目前主流的驱动方案有集中电机驱动和分布电机驱动,目前轮边电机驱动方案应用最为广泛。（   ）

4. 轿车的车架与车身通常集成为一个整体。（   ）

5. 制动系统一般由供能装置、控制装置、传动装置和制动器四部分组成。（   ）

6. 线控技术的实质是取消液压传动、机械传动,利用弱电信号控制强电执行机构来完成机构动作。（   ）

7. 线控系统中的弱电信号在以前用数字信号较多,现阶段多采用模拟信号。（   ）

8. 汽车线控技术和飞机线控技术几乎同步兴起。（   ）

二、选择题

1. 下列属于汽车底盘系统的是（   ）。
   A. 传动系统　　　B. 行驶系统　　　C. 转向系统　　　D. 制动系统

2. 下列属于传动系统部件的是（   ）。
   A. 发动机　　　B. 液力变矩器　　　C. 变速器　　　D. 万向传动装置

3. 下列属于驱动桥组成部件的是（   ）。
   A. 主减速器　　　B. 传动轴　　　C. 差速器　　　D. 轮毂

4. 下列属于转向系统组成部分的是（   ）。
   A. 转向操纵机构　　　B. 转向器　　　C. 转向传动机构　　　D. 转向车轮

5. 下列不属于制动系统部件的是（   ）。
   A. 制动主缸　　　B. 制动轮缸　　　C. 制动盘　　　D. 螺旋线束

6. 未来汽车底盘将朝着（   ）方向发展。
   A. 智能化　　　B. 电动化　　　C. 轻量化　　　D. 集成化

7. 汽车底盘线控技术包含（   ）等部分。
   A. 线控油门　　　B. 线控换挡　　　C. 轮部电机　　　D. 线控制动

8. 纯电动汽车高压禁用时人员防护物品有（   ）。
   A. 绝缘鞋　　　B. 绝缘安全帽　　　C. 绝缘手套　　　D. 警告标识

模块二

智能汽车传动系统装配与检查

学习目标

❖ 知识目标

1. 了解传动系统类型、布置形式;
2. 熟知燃油汽车传动系统、纯电动汽车驱动系统结构、分类、组成和原理;
3. 熟知线控驱动系统发展现状、结构组成、原理及特点。

❖ 技能目标

1. 能够在实车上装配自动变速器;
2. 能够在实车上装配动力蓄电池、驱动电机;
3. 能够按规范检查传动系统主要部件装配情况,检查线控传动系统线路问题。

❖ 素养目标

1. 养成良好的学习习惯,提升自主学习能力;
2. 具有团队合作意识和良好的语言表达能力。

建议课时

12 课时

一 燃油汽车传动系统

（一）什么是传动系统

传动系统是指位于发动机与汽车驱动轮之间传递动力的装置，如图 2-1 所示。

图 2-1　汽车传动系统

传动系统的基本功用是将发动机发出的动力传递给驱动轮，使车轮转动带动汽车行驶，同时还具有增大来自发动机的转矩、降低发动机输出转速、改变发动机输出转速的转动方向、切断发动机向驱动轮的动力传输等功能。

（二）传动系统类型

汽车传动系统主要有机械式传动系统和液力机械式传动系统两种。目前，机械式传动系统主要用于搭载手动变速器的各类汽车上，液力机械式传动系统主要用于搭载自动变速器的汽车上。随着电气控制技术和液力控制技术的发展，液力机械式传动系统已成为汽车传动系统的主流配置。

1. 机械式传动系统

机械式传动系统即发动机发出的动力依次经过离合器、手动变速器以及万向节和传动轴组成的万向传动装置，传至安装在驱动桥中的主减速器、差速器和半轴，最后传到驱动轮，如图 2-2 所示。

2. 液力机械式传动系统

液力机械式传动系统即发动机发出的动力依次经过液力变矩器、自动变速器、万向传动装置、驱动桥等组成，最后传到驱动轮，如图 2-3 所示。

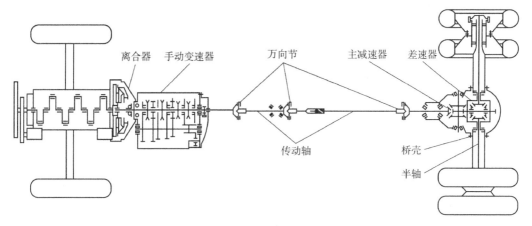

图 2-2 机械式传动系统

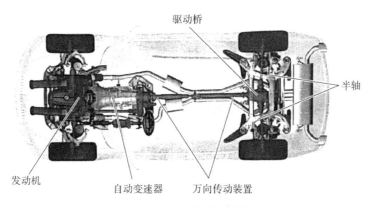

图 2-3 液力机械式传动系统

（三）传动系统布置形式

汽车传动系统按照布置形式不同，可分为前置前驱、前置后驱、后置后驱、中置后驱、四轮驱动等，如图 2-4 所示。

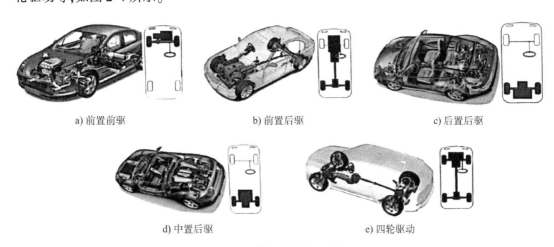

a) 前置前驱　　　　　　b) 前置后驱　　　　　　c) 后置后驱

d) 中置后驱　　　　　　e) 四轮驱动

图 2-4 传动系统的布置形式

1. 前置发动机、前轮驱动形式(FF)

前置发动机、前轮驱动形式(FF)对车内空间安排比较有利,发动机、变速器等都整合在车头部位,甚至都在前车轴上方,这样可以从容安排驾乘室空间和行李舱空间。但是,这种驱动形式会造成车头过重,在制动时易出现"点头"现象。

2. 前置发动机、后轮驱动形式(FR)

前置发动机、后轮驱动形式(FR)拥有较佳的加速性能,但它的传动轴需要从车前部的发动机一直连接到后车轴,往往会在后排中间形成一个较大的凸起。

3. 后置发动机、后轮驱动形式(RR)

后置发动机、后轮驱动形式(RR)的车辆,质量大多集中于后方,又是后轮驱动,所以,起步、加速性能在所有驱动形式中是最好的。因此,超级跑车一般都采用 RR 方式。RR 的转弯性能比 FF 及 FR 更加优越,但后轴承受较大负荷,因此,后轮的抓地力达到极限时,易出现打滑甩尾现象,且不容易控制。RR 的另一特点是车头较轻,所以,开始进入转弯时较容易造成转向过度现象。

4. 中置发动机、后轮驱动形式(MR)

中置发动机、后轮驱动形式(MR)的车辆,发动机放在驾乘室与后轴之间,并采用后轮驱动(后中置后驱),或发动机放在前轴后面并用后轮驱动(前中置后驱)。现在,MR 的设计已是高级跑车的主流驱动方式,它的最大特点就是将车辆中惯性最大的、沉重的发动机置于车体的中央,这是使 MR 车获得最佳运动性能的最主要保证,因为这样可以使车体质量前后分布接近理想平衡。MR 兼具 FF、FR 的优点,转向灵敏准确,制动时不会出现头沉尾翘的现象,但 MR 直线稳定性较差。

5. 前置发动机、四轮驱动形式(4WD)

前置发动机、四轮驱动形式(4WD)将四个车轮都与发动机动力系统相连并能获得动力,汽车行驶性能比较理想,但它会增加车辆自身质量、制造成本和油耗。

(四) 传动系统组成及工作原理

汽车传动系统一般由离合器、手动变速器(自动变速器)、液力变矩器、万向传动装置和驱动桥等组成。

1. 离合器

(1)离合器的作用。

离合器安装在发动机和变速器之间的飞轮壳内,用螺钉将离合器总成固定在飞轮后平面上。离合器的输出轴即变速器的输入轴。在汽车从起步到行驶的整个过程中,驾驶人根据行驶情况,需要随时踩下或松开离合器踏板,使发动机和变速器分离或结合,以切断或传递发动机向变速器输入的动力。因此,离合器的作用是保证汽车平稳起步和变速器平顺换挡,并防止传动系统过载。

(2)离合器的组成。

不同类型的摩擦式离合器的结构虽有差异,但基本均由主动部分、从动部分、压紧机构和操纵机构四部分组成。离合器的主动部分与发动机的飞轮相连,主要由压盘、离合器盖等零部件组成;从动部分与变速器相连,主要由从动盘组成;压紧机构主要是压紧弹簧;操纵机构主要由分离杠杆、分离轴承及套筒、分离叉和离合器踏板等组成。离合器的组成如图2-5所示。

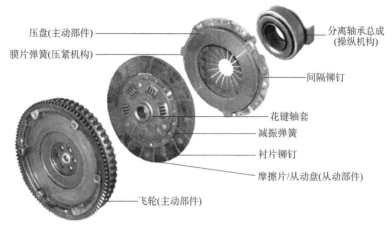

图2-5 离合器的组成

(3)离合器的工作原理。

离合器盖通过螺栓固定在飞轮的后端面上,离合器内的从动盘在弹簧的作用力下被压盘压紧在飞轮端面上,而从动盘与变速器的输入轴相连,通过飞轮及压盘与从动盘接触面的摩擦作用,将发动机发出的转矩传递给变速器。

在没踩下离合器踏板时,从动盘是紧压在飞轮端面上的,发动机的动力可以传递到变速器。踩下离合器踏板后,通过操纵机构将力传递到分离叉和分离轴承,分离轴承前移将分离弹簧向飞轮端压紧,分离弹簧的另一端以支撑圈为支点向相反的方向移动,带动压盘离开从动盘,这时发动机动力传输中断。松开离合器踏板后,弹簧重新回位,离合器重新结合,发动机动力继续传递。离合器的工作原理如图2-6所示。

离合器的组成及工作原理

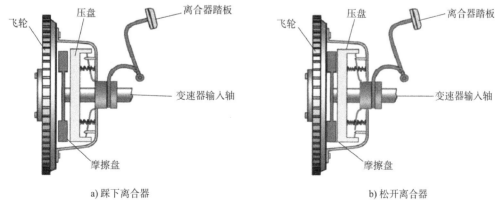

a) 踩下离合器　　　　　　　　　b) 松开离合器

图2-6 离合器的工作原理

2. 手动变速器

(1)手动变速器的作用。

手动变速器的作用有:扩大发动机传到驱动轮上的转矩和转速的变化范围,以适应经常变化的行驶条件;在发动机旋转方向不变的前提下,使汽车倒向行驶;利用空挡中断动力传递,使发动机起动、怠速运转和汽车短暂停驶、滑行。

(2)手动变速器的组成。

手动变速器由变速传动机构和变速操纵机构组成,如图2-7所示。变速传动机构的主要作用是改变转矩、转速和旋转方向,操纵机构的主要作用是控制传动机构,实现变速器传动比的变换。

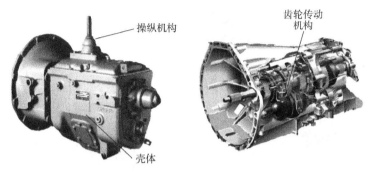

图2-7 手动变速器的组成

(3)手动变速器的工作原理。

手动变速器是利用不同齿数的齿轮啮合传动来实现转矩和转速的改变,如图2-8所示。

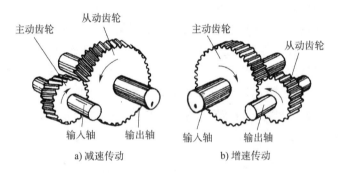

图2-8 齿轮传动的基本原理

设主动齿轮转速为n_1、齿数为z_1,从动齿轮转速为n_2、齿数为z_2,主动齿轮(即输入轴)转速与从动齿轮(即输出轴)转速之比称为传动比,用字母i_{12}表示,即由主动齿轮传到从动齿轮的传动比为

$$i_{12} = \frac{n_1}{n_2} = \frac{z_2}{z_1} \tag{2-1}$$

当小齿轮为主动齿轮,带动大齿轮转动时,输出转速降低,即$n_2 < n_1$,称为减速传动,此时传动比$i>1$,如图2-8a)所示。当大齿轮驱动小齿轮时,输出转速升高,即$n_2 > n_1$,称为增速传动,此时传动比$i<1$,如图2-8b)所示。这就是齿轮传动的变速原理。汽车变速器就是根据这一原理,利用若干大小不同的齿轮副传动而实现变速的。对于变速器,各挡的传动比i就是变速器输入轴转速与输出轴转速之比,即

$$i = \frac{n_{输入}}{n_{输出}} \tag{2-2}$$

当 $i>1$ 时,为变速器的低挡位,且 i 越大,挡位越低;当 $i=1$ 时,为变速器的直接挡;当 $i<1$ 时,为变速器的超速挡。

3. 液力变矩器

(1) 液力变矩器的作用。

液力变矩器安装在发动机的飞轮上,以液压油(自动变速器油)为工作介质,起传递转矩、变距、变速及离合的作用。

液力变矩器的组成和工作原理

(2) 液力变矩器的组成。

典型的液力变矩器由泵轮、涡轮、导轮和壳体等组成,如图2-9所示。它们都是由钢板冲压而成,在它们的环状壳体中径向排列着许多曲线形叶片。

图2-9 液力变矩器的组成

(3) 液力变矩器的工作原理。

当发动机运转而汽车还未起步时,涡轮转速为零,变速器油在泵轮叶片带动下,以一定的速度冲向涡轮叶片,对涡轮有一作用力,产生绕涡轮轴的转矩,此即液力变矩器的输出转矩。由于此时涡轮静止不动,液流则沿着叶片流出涡轮并冲向导轮,该液流也对导轮产生作用力矩,此时涡轮的转矩等于泵轮转矩与导轮转矩之和。显然,涡轮转矩大于泵轮转矩,即液力变矩器起到增大转矩的作用。

当液力变矩器输出的转矩,经传动系统传到驱动轮上所产生的驱动力足以克服汽车起步阻力时,汽车起步并开始加速,与之相连的涡轮转速也从零开始逐渐增加。

当涡轮转速增大到一定值时,由涡轮流出的液流速度正好沿导轮出口方向冲向导轮。由于液体流经导轮时方向不改变,故导轮转矩为零,即涡轮转矩与泵轮转矩相等,此时,液力变矩器处于耦合状态。

若涡轮转矩继续增大,液流就会冲击导轮叶片反面,导轮转矩方向与泵轮转矩方向相同,则涡轮转矩为前二者转矩之差,即变矩器输出转矩反而比输入转矩小。当涡轮转速增大到与泵轮转速相等时,工作液在循环圆内的循环流动停止,不能传递动力。

当涡轮因为负荷过大而停止转动,但泵轮仍保持旋转时,此时液力变矩器只有动力输入而没有输出,全部输入能量都转化为热能,此时,变矩器中的油温急剧上升,会对变矩器造成严重的危害,这种现象称为液力变矩器的失速状态。

4. 自动变速器

(1)自动变速器的分类。

①液力自动变速器。液力自动变速器(Automatic Transmission,AT)如图 2-10 所示,它由液力变矩器与行星齿轮变速器(普通齿轮式只有少数厂家采用)组成,由电子及液压控制系统操控行星齿轮元件的状态来实现自动换挡及变速目的。液力自动变速器经过半个多世纪的发展与改进,其技术相对成熟与完善,并兼具液力与机械传动的特点,对外部负载具有良好的自动调节和适应性,在目前的车辆自动传动中占主导地位。传动效率和燃油经济性相对较低的问题是液力自动变速器需要进一步改进与完善的地方。

②电控机械式自动变速器。电控机械式自动变速器(Automated Manual Transmission,AMT),如图 2-11 所示,在保留传统固定轴式手动齿轮变速器和离合器的基础上,加装一套由电子控制的液压操作系统,以达到自动操作离合器和切换挡位的目的。AMT 具有传动效率高和制造成本低等优点,但与 AT 相比,AMT 存在换挡动力中断(非动力换挡)等影响驾驶舒适性的问题,目前,国内主要在一些低端车上装配。

图 2-10　液力自动变速器　　　　　　图 2-11　电控机械式自动变速器

③双离合器自动变速器。双离合器自动变速器(Direct Shift Gearbox,DSG;或 Double Clutch Transmission,DCT),可以说是 AMT 的改进型自动变速器,如图 2-12 所示。它由两组离合器取代了手动变速器的离合器,并且由电子及液压系统同时操控两组离合器及与其各自相连并交替工作的齿轮组,以实现无动力中断(动力换挡)的自动换挡及变速目的。

DCT 融合了 AT 和 AMT 的优点,出众的加速性能及燃油经济性使它成为最具发展前景的新一代自动变速器。其目前的主要问题是制造加工精度及成本较高,只有在中高端汽车上使用。

④机械式无级变速器。机械式无级变速器(Continuously Varialbe Transmission,CVT)如图 2-13 所示,它的核心变速机构是可变工作半径的主从动轮及金属传动带。工作时,电子及液压系统通过控制主从动轮的可动盘的轴向位移以连续调节它与 V 形金属传动带啮合的工作半径,从而实现无级变速的目的。CVT 传动比连续,动力传动平稳,并能够更好地使发动机在其经济转区内运作,从而大大地改善了燃油经济性。但与齿轮传动相比,其传动效率

并不高,所能传递的转矩有限。目前,缺少解决耐久性问题的相应措施也成为消费者购买的顾虑之一。

图 2-12　双离合器自动变速器　　　　图 2-13　机械式无级变速器

(2)自动变速器的组成。

自动变速器的厂牌型号很多,外部形状和内部结构也有所不同,但它们基本上都是由液力变矩器、行星轮系(极少数采用定轴轮系)和液压控制系统组成。

(3)自动变速器的特点。

与传统手动变速器相比,自动变速器有如下优点。

①取消了离合器踏板,无须频繁踩放离合器踏板和操作换挡杆进行换挡,使驾驶人操作简单省力,可提高行车安全性并使汽车的加速性能更好。

②采用液力传递动力,汽车起步加速更加平稳,能使汽车的稳定车速降低,避免因外界负荷突增而造成过载和发动机熄火现象,提高了汽车的通过性。

③能吸收和衰减换挡过程中的振动和冲击,提高了乘车的舒适性并有利于延长发动机和传动系统相关零件的使用寿命。

④在一定范围内实现无级变速,能自动适应车辆速度和行车阻力的变化,提高了汽车的动力性和平均速度。

⑤自动换挡属于动力换挡,发动机工况相对比较稳定,并可使汽车经常处于最佳挡位行驶,这样提高了汽车的燃油经济性并减少了排放污染。

与传统手动变速器相比,自动变速器的缺点是:结构复杂,零件密集度和精密度高,成本高,维护不易,且相应维修技术要求较高。在低速行驶和路况复杂的情况下,汽车传动效率低、耗油大。

5. 万向传动装置

(1)万向传动装置的定义。

万向传动装置是能在汽车上任何一对轴间夹角和相对位置经常发生变化的转轴之间传递动力的一套装置。

(2)万向传动装置的类型。

汽车上常用的万向传动装置有球笼式万向节、三球销式万向节、十字轴式万向节、双联式万向节。其中,球笼式万向节和三球销式万向节为不等速万向节,十字轴式万向节为等速万向节,双联式万向节为准等速万向节。

6. 驱动桥

(1)驱动桥的作用。

驱动桥的作用是降速、增大转矩,将万向传动装置输入的动力改变转动方向以后分配到左、右驱动轮,使汽车行驶,并且允许左、右驱动轮可以不同转速旋转。

(2)驱动桥的分类。

驱动桥分为整体式驱动桥和断开式驱动桥。

整体式驱动桥与非独立悬架配用,如图 2-14 所示。驱动桥壳为一刚性整体,驱动桥两端通过悬架与车架或车身连接,左、右半轴始终在一条直线上,即左、右驱动轮不能相互独立地跳动。当某一侧车轮通过地面的突出物或凹坑升起或下降时,整个驱动桥及车身都要随之发生倾斜,车身波动大。

图 2-14 整体式驱动桥

断开式驱动桥与独立悬架配用,其主减速器固定在车架或车身上,驱动桥壳制成分段并用铰链连接,半轴也分段并用万向节连接,如图 2-15 所示。驱动桥两端分别用悬架与车架或车身连接,这样两侧驱动车轮及桥壳可以彼此独立地相对于车架或车身上下跳动。

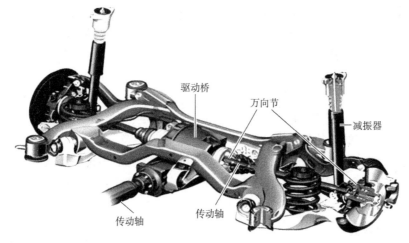

图 2-15 断开式驱动桥

(3)驱动桥的组成。

驱动桥主要由主减速器、差速器、桥壳和半轴等组成,如图 2-16 所示。

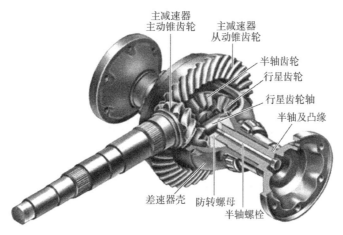

图 2-16 驱动桥的组成

纯电动汽车传动系统

（一）纯电动汽车驱动系统组成

纯电动汽车驱动系统主要由中央控制单元、驱动控制器、驱动电机、动力蓄电池、机械传动装置等组成。为适应驾驶人的传统操作习惯，纯电动汽车仍保留了加速踏板、制动踏板及相关手柄或按钮等。在纯电动汽车上，加速踏板、制动踏板的机械位移量被转换为相应的电信号输入中央控制单元，来实现对汽车的控制。为遵循驾驶人的传统驾驶习惯，仍保留换挡杆，换挡杆有最常见的空挡、前进、倒挡三个挡位，该装置以开关信号的形式传输到中央控制单元，对汽车进行前进、停车和倒车控制。

1. 中央控制单元

中央控制单元不仅是驱动系统的控制中心，同时还对整辆纯电动汽车的控制起到协调作用。它根据加速踏板与制动踏板的输入信号，向驱动控制器发出相应的控制指令，对驱动电机进行起动、加速、减速、制动控制。

在纯电动汽车减速和下坡滑行时，中央控制单元配合车载电源模块的能源管理系统进行能量回收，使蓄电池反向充电。对于与车辆行驶状况有关的速度、功率、电压、电流及有关故障诊断等信息，还需传输到辅助模块的仪表盘进行相应的显示，另外，如驱动系统采用轮毂电机分散驱动方式，当纯电动汽车转弯时，中央控制单元也需与辅助模块的动力转向单元配合，即控制左、右轮毂电机来实行电子差速转向。

为减少纯电动汽车各个控制部分间的硬件连线，提高可靠性，当代汽车控制系统已较多地采用了总线控制方式，特别是对于采用轮毂电机进行四轮驱动控制(4WD)的模式，更需要运用总线控制技术来简化纯电动汽车内部线路的布局，提高其可靠性，也便于故障诊断和维修。采用该模块化结构，一旦技术成熟，其成本也将大幅下降。

2. 驱动控制器

驱动控制器的功能是按中央控制单元的指令、当前驱动电机的速度、电流反馈信号,对驱动电机的速度、驱动转矩和旋转方向进行控制。驱动控制器与驱动电机必须配套使用。目前,对驱动电机的调速主要采用调压、调频等方式,这主要取决于所选用的驱动电机类型。由于高压蓄电池组以直流电方式供电,所以,对于直流电机主要是通过 DC/DC 变换器进行调压调速控制;对于交流电机需通过 DC/AC 变换器进行调频调压矢量控制;对于磁阻电机是通过控制其脉冲频率来进行调速。当汽车倒车时,需通过驱动控制器使驱动电机反转来驱动车轮反向行驶。当纯电动汽车处于减速和下坡滑行时,驱动控制器使驱动电机运行于发电机工况,驱动电机利用车辆惯性发电,将电能通过驱动控制器回馈给高压蓄电池组,所以,驱动控制器与高压蓄电池组电源的电能流向是双向的。

3. 驱动电机

驱动电机在纯电动汽车中被要求具备电动机和发电机的双重功能,即在正常行驶时发挥其主要的电动机功能,将电能转化为机械能;而在减速和下坡滑行时又被要求发挥其主要的发电机功能,将车轮的惯性动能转换为电能。对驱动电机的选型一定要根据其负载特性来进行。由对纯电动汽车行驶时的特性分析可知,汽车在起步和上坡时,要求有较大的起动转矩和相当的短时过载能力,并有较宽的调速范围和理想的调速特性,即在起动低速时为恒转矩输出,在高速时为高功率输出。驱动电机与驱动控制器所组成的驱动系统是纯电动汽车中最为关键的部件,电动汽车的运行性能主要取决于驱动系统的类型和性能,它直接影响着汽车的各项性能指标,如汽车在各工况下的行驶速度、加速与爬坡性能及能源转换效率。

4. 动力蓄电池

在《电动汽车术语》(GB/T 19596—2017)中对动力蓄电池的定义为:为电动汽车动力系统提供能量的蓄电池。新能源汽车对动力蓄电池的要求主要有几点:一是比能量高,二是比功率大,三是充放电效率高,四是相对稳定性好,五是使用成本低,六是安全性好。

可充电储能装置按工作介质不同可分为锂离子蓄电池、铅酸蓄电池、金属氢化物镍蓄电池和超级电容器。在电动汽车上使用的动力蓄电池主要是镍氢蓄电池和锂离子蓄电池。例如,丰田普锐斯采用镍氢蓄电池,特斯拉采用三元锂蓄电池,北汽新能源 EX3 采用三元锂蓄电池。

5. 机械传动装置

纯电动汽车机械传动装置的作用是将驱动电机的驱动转矩传输给汽车的驱动轴,带动汽车车轮转动。由于驱动电机本身具有较好的调速特性,其变速机构可被大大简化,为放大驱动电机的输出转矩,仅采用一种固定的减速装置。又因为驱动电机可带负载直接起动,也省去了传统内燃机汽车的离合器。由于驱动电机可以容易地实现正反向旋转,所以,也无须通过变速器中的倒挡齿轮组来实现倒车。对驱动电机在车架上合理布局,即可省去传动轴、万向节等传动部件。当采用轮毂电机分散驱动方式时,又可以省去传统汽车的驱动桥、机械差速器、半轴等一切传动部件。

(二)纯电动汽车驱动系统布置方式

由于纯电动汽车是单纯用蓄电池作为驱动能源的汽车,采用合理的驱动系统布置形式来充分发挥电机驱动的优势是尤其重要的。纯电动汽车驱动系统布置的原则是：符合车辆动力学对汽车重心位置的要求，尽可能降低车辆重心高度。特别是对于采用轮毂电机驱动实现"零传动"方式的纯电动汽车，不仅去掉了发动机、冷却系统、排气消声系统和油箱等，还省去了传动链上的变速器、驱动桥及所有传动部件，既减轻了汽车自重，也留出了许多空间，可以说其结构发生了脱胎换骨的变化。纯电动汽车的整个结构布局需重新设计并全面考虑各种因素。目前，纯电动汽车的驱动系统布置形式主要有4种典型结构，即传统驱动方式、电机-驱动桥组合式驱动方式、电机-驱动桥整体式驱动方式、轮毂电机分散驱动方式。

1. 传统驱动方式

传统驱动方式示意如图2-17所示。

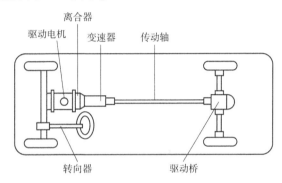

图2-17　传统驱动方式示意

该驱动系统仍然采用内燃机汽车的驱动系统布置方式，包括离合器、变速器、传动轴和驱动桥等总成，只是将内燃机换成电机，属于改造型电动汽车。这种布置方式可以提高纯电动汽车的起动转矩，增加低速时纯电动汽车的后备功率。这种驱动系统布置形式有电机前置-驱动桥前置（F-F）、电机前置-驱动桥后置（F-R）等驱动模式。但是，这种驱动系统布置形式结构复杂、效率低，不能充分发挥驱动电机的性能。在此基础上，还有一种简化的传统驱动系统布置形式，采用固定速比减速器，去掉离合器，这种驱动系统布置形式可减少机械传动装置的质量，缩小其体积。

2. 电机-驱动桥整体式驱动方式

电机-驱动桥整体式驱动方式示意如图2-18所示。这种驱动系统布置形式与发动机横置前轮驱动的内燃机汽车的布置方式类似，把电机、固定速比减速器和差速器集成为一个整体，两根半轴连接驱动车轮。电机—驱动桥整体式驱动系统布置形式有同轴式和双联式两种。

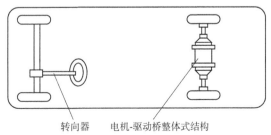

图2-18　电机-驱动桥整体式驱动方式示意

3. 电机-驱动桥组合式驱动方式

电机-驱动桥组合式驱动方式示意如图2-19所示。这种驱动系统布置形式即在驱动电机端盖的输出轴处加装减速齿轮和差速器等，电机、固定速比减速器、差速器的轴互相平行，一起组合成一个驱动整体。它通过固定速比的减速器来放大驱动电机的输出转矩，但没有可选的变速挡位，也就省掉了离合器。这种布置形式的机械传动机构紧凑，传动效率较高，便于安装。但这种布置形式对驱动电机的调速要求较高。按传统汽车的驱动模式来说，可以有驱动电机前置-驱动桥前置或驱动电机后置-驱动桥后置两种方式。这种驱动系统布置形式具有良好的通用性和互换性，便于在现有的汽车底盘上安装，使用、维修也较方便。

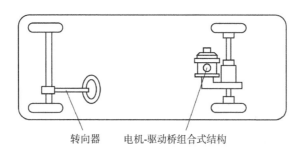

图2-19 电机-驱动桥组合式驱动方式示意

4. 轮毂电机分散驱动方式

轮毂电机直接装在汽车车轮内，有内定子外转子和内转子外定子两种结构。

（1）内定子外转子结构。

内定子外转子轮毂电机分散驱动方式采用低速内定子外转子电机，其外转子直接安装在车轮的轮缘上，可完全去掉变速装置，驱动电机转速和车轮转速相等，车轮转速和车辆速度完全取决于驱动电机的转速控制。由于不通过机械减速，通常要求驱动电机为低速大转矩电机。低速内定子外转子电机结构简单，无须齿轮变速传动机构，但其体积大、质量大、成本高。

（2）内转子外定子结构。

内转子外定子轮毂电机分散驱动方式采用一般的高速内转子外定子电机，其转子作为输出轴与固定减速比的行星齿轮变速器的太阳轮相连，而车轮轮毂通常与其齿圈连接，它能提供较大的减速比，来放大其输出转矩。驱动电机装在车轮内，形成轮毂电机，可进一步缩短从驱动电机到驱动轮的传递路径；采用高速内转子电动机（转速约10000r/min），需装固定速比减速器来降低车辆速度，一般采用高减速比行星齿轮减速装置，安装在电机输出轴和车轮轮缘之间，且输入和输出轴可布置在同一条轴线上。高速内转子电机具有体积小、质量轻和成本低的优点，但它需要加行星齿轮变速机构。

（三）电机主要性能参数

目前，新能源汽车大多采用永磁直流无刷电机、交流感应电机、永磁同步电机、开关磁阻电机中的一种，其中，开关磁阻电机仍未得到大范围的应用。各电机技术特点见表2-1，不同类型电机的主要性能参数见表2-2。

电机主要参数及含义

不同类型电机的技术特点 表2-1

驱动电机类型	永磁直流无刷电机	交流感应电机	永磁同步电机	开关磁阻电机
优点	控制简单,只需电压控制,无须检测位置,小容量,造价低	结构简单,造价低廉,可高速运行,调速范围大,转动惯性小,维护简单,技术成熟	体积小,质量轻,功率输出密度大,低速输出转矩大,效率高,维护简单	结构简单,机身坚固,效率高,起动转矩大,价格低,免维护
缺点	结构复杂,不适合高速大转矩运行,效率低,环境适应差,制动困难	控制复杂,容量小,效率较低,制动困难	高速运行控制复杂,需要检测转子位置,部件较多,造价较高	目前存在技术瓶颈,不能大范围普及

不同类型电机的主要性能参数 表2-2

性能参数	永磁直流无刷电机	交流感应电机	永磁同步电机	开关磁阻电机
功率密度	低	中	高	较高
峰值效率(%)	85～89	90～95	95～97	<90
负荷效率(%)	80～87	90～92	85～97	78～86
转速范围(r/min)	4000～8000	12000～15000	4000～10000	>15000
可靠性	一般	好	优秀	好
结构的坚固性	差	好	一般	优秀
电机的外形	大	中	小	小
电机的质量	大	中	小	小
电机成本	一般	一般	高	一般
控制操作性能	最好	好	好	好
控制器成本	低	高	高	一般

(四)电机主要类型与工作原理

1. 永磁直流无刷电机

永磁直流无刷电机主要由电机本体、电子换向器和转子位置传感器三部分组成。电机本体基本结构如图2-20所示。

电机本体由定子和永磁转子两部分组成;电子换向器是由功率开关和位置信号处理电路构成,主要用来控制定子各绕组通电的顺序和时间,控制电路如图2-21所示,位置传感器在电机中起着检测转子磁极位置的作用,为功率开关电路提供正确的换向信息,即将转子磁极的位置信号转换成电信号,经位置信号处理电路处理后控制定子绕组换向。

永磁直流无刷电机的工作原理与有刷直流电机的工作原理基本相同。它是利用电机转子位置传感器输出信号控制电子换向线路去驱动逆变器的功率开关器件,使电枢绕组依次馈电,从而在定子上产生跳跃式的旋转磁场,拖动电机转子旋转。同时,随着电机转子的转动,转子位置传感器又不断送出位置信号,以不断地改变电枢绕组的通电状态,使得在某一磁极下导体中的电流方向保持不变,从而控制电机持续运转。

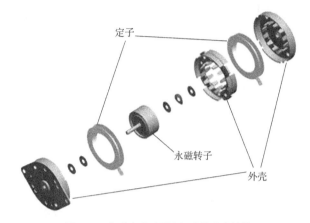

图 2-20 永磁直流无刷电机本体基本结构

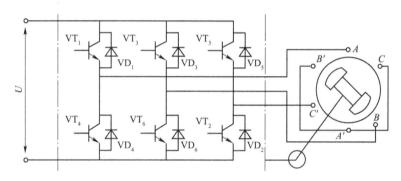

图 2-21 永磁直流无刷电机控制电路图

2. 交流感应电机

交流感应电机又称三相异步电机,其基本结构如图 2-22 所示。当三相异步电机接入三相交流电时,三相定子绕组通入电流会产生三相磁动势(定子旋转磁动势)并产生旋转磁场。该旋转磁场切割转子绕组,从而在转子绕组中产生感应电流(转子绕组为闭合通路)。

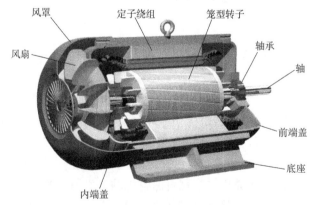

图 2-22 三相异步交流电机的基本结构

根据电磁力定律,载流的转子导体在定子旋转磁场作用下产生电磁力,从而在电机转轴上形成电磁转矩,驱动电机旋转,当电机轴上带机械负载时,便向外输出机械能。由于三相异步电机的转子与定子旋转磁场以相同的方向、不同的转速旋转,存在转速差,因此称为异步电机,又称为感应电机。汽车中的交流异步电机的转子常采用空心式结构,这种结构简单牢固,适于高速旋转,免维护,且成本较低。三相异步电机矢量控制调速技术比较成熟,使得异步电机驱动系统具有明显的优势,因此,其被较早地应用于电动大客车的驱动系统。

交流感应电机比较常见的是采用直接转矩控制,也就是将电机输出转矩作为直接控制对象,通过控制定子磁场向量控制电机转速。它通过控制PWM(脉冲宽度调制)型逆变器的导通和切换方式,控制电机的瞬时输入电压,改变磁链的旋转速度来控制瞬时转矩,使系统性能对转子参数呈现鲁棒性,这种方法被推广到弱磁调速范围。逆变器的PWM采用电压空间向量控制方式,性能优越,但同时会产生转矩脉动、调速性能降低的问题。该方法对逆变器开关频率提高的限制较大,定子电阻对电机低速性能也有较大影响,如在低速区,定子电阻变化引起的定子电流和磁链的畸变以及转矩脉动、死区效应和开关频率等问题。

交流感应电机直接转矩控制系统的结构与原理简图如图2-23所示,它主要包括磁链调节器、转矩调节器、磁链和转矩观测器、转速调节器等。其中,磁链观测器对磁链的观测是否准确对整个控制系统的稳定性有着举足轻重的作用,而开关策略和磁链、转矩调节是先进控制算法的核心部分。

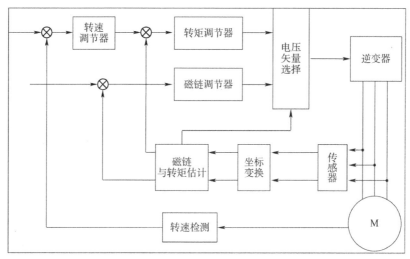

图2-23 交流感应电机直接转矩控制系统原理简图

3. 永磁同步电机

永磁同步电机中的定子绕组输入三相正弦交流电时,会产生一个旋转磁场。该旋转磁场与转子的永磁体磁场相互作用,使转子产生电磁转矩,并随着定子的旋转磁场转动,由于转子的转动与旋转磁场同步,故称之为永磁同步电机,其结构如图2-24所示。对于某一型号的同步电机,转速只与电源的频率有关。目前,汽车采用永磁同步电机较多。

图 2-24 永磁同步电机结构图

4. 开关磁阻电机

开关磁阻电机实物如图 2-25 所示,一般为凸极铁芯结构,其定子、转子均由普通硅钢片叠压而成。转子上既无绕组也无永磁体,一般装有位置检测器;定子上绕有集中绕组,径向相对的两个绕组串联构成相绕组,基本结构如图 2-26 所示。根据相数和定子、转子极数的配比,开关磁阻电机可以设计成不同的结构。

图 2-25 开关磁阻电机实物

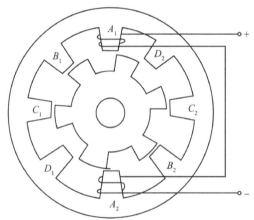

图 2-26 开关磁阻电机基本结构

三 线控驱动系统

(一)线控驱动系统发展现状

在内燃机汽车方面,线控油门系统已取代传统节气门系统,市场上 99% 以上的车型都配线控油门系统;在纯电动汽车方面,目前主流的驱动方案有集中电机驱动和分布电机驱动,其中集中电机驱动方案得到了大量的应用,但正朝着以轮边电机和轮毂电机为代表的分布电机驱动形式发展。

单电机驱动结构主要由电机、减速器、传动半轴和差速器等结构组成,无须离合器和变速器,因此,发动机舱空间可以压缩到非常小,如图 2-27 所示。

双电机驱动结构主要由电机、减速器、传动半轴等结构组成,通过驱动单元来驱动两侧车轮,可以提供较大转矩。双电机驱动方案一般通过电子程序控制两轮间的差速来控制转向,如图 2-28 所示。

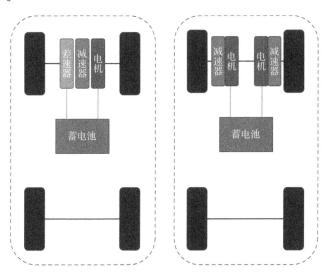

图 2-27　单电机驱动　　　　　图 2-28　双电机驱动

轮边电机驱动系统通过电机和减速器组合对驱动轮单独驱动,且电机不集成在车轮内。电机与固定速比减速器一起安装在车架上,减速器输出轴通过万向节与车轮半轴相连驱动车轮,如图 2-29 所示。

轮毂电机驱动系统分内转子式与外转子式,外转子式采用低速外转子电机,无减速装置,车轮的转速与电机相同;内转子式则采用高速内转子电机,在电机与车轮之间配备固定传动比的减速器,如图 2-30 所示。

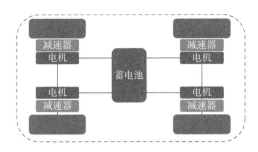
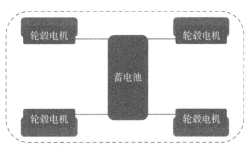

图 2-29　轮边电机整车布局　　　　　图 2-30　轮毂电机整车布局

(二)线控驱动系统结构组成及工作原理

1. 线控油门

线控油门系统由加速踏板、踏板位移传感器、电控单元、数据总线、伺服电动机和节气门执行机构组成。

线控油门系统是通过 ECU 来调整节气门开度的,其加速踏板产生的位移数据汇总到 ECU,以前单纯的以踏板力度控制的节气门变成了由数据计算后给出的优化后的节气门开合度,从而提高燃油的经济性,如图 2-31 所示。线控油门是通过电缆或线束来控制节气门的开度,从表面看是用电缆取代了传统的节气门拉线,但实质上不仅仅是简单地改变连接方式,而是能对整个车辆的动力输出实现自动控制功能。当驾驶人需要加速时踩下加速踏板,踏板位置传感器就将感知的信号通过电缆传递给 ECU,ECU 根据此位置信号判断驾驶人的驾车意图,并参考发动机转速传感器、进气压力传感器及其他相关传感器的电信号,得到最佳的节气门开度参数,然后与当前节气门位置进行比较,当节气门的开度与最佳开度参数不一致时,便输出控制信号,控制节气门驱动电机工作,将节气门调整到目标开度。

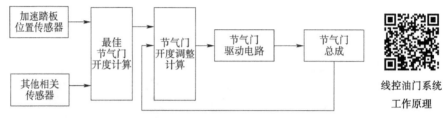

图 2-31　线控油门系统

2. 线控换挡

线控换挡主要由换挡杆和传感器控制单元组成。当驾驶人挂入某一个挡位时,传感器就会将挡位请求信号传送到变速器控制单元(TCU),同时,TCU 会根据汽车上其他各种信号(比如发动机转速、车辆速度、节气门开度以及安全带、车门开关信号等)进行分析,根据通信协议进行判断是否执行换挡请求。

如果确认没有任何问题,TCU 会发出指令,给变速器中相应的电磁阀通电或断电,来控制各种液压控制阀的通断,从而实现挡位的切换,并将策略挡位发送给仪表显示当前挡位。同时,传感器从 CAN 总线上接收 TCU 发出的反馈挡位信号,再通过 LIN 总线点亮副仪表板上的挡位指示灯。如果被分析到有错误操作的存在,比如高速行驶中突然挂 R 挡,会被 TCU 认为是错误信号,这种情况下 TCU 就不会给变速器发操作指令。

3. 电驱动桥

电驱动桥是用于控制和驱动电机的装置。它利用电机和驱动电路来传输能量,从而使电机按照预设的方向和速度进行旋转。在这个过程中,控制电路发挥着关键的作用,它可以根据实际需求调整电机的速度和方向。电驱动桥的工作原理包括以下几个步骤。

(1)输入信号。电驱动桥接收来自微处理器或其他控制器的输入信号,这些信号通常以脉冲宽度调制(PWM)的形式呈现,用于产生可变的电压和频率。

(2)开关管控制。基于半导体器件的工作原理,电驱动桥利用开关管的导通和截止来控制电路中的电流大小和方向。

(3)电机控制。在正向工作周期中,控制器输出高电平信号,P 型和 N 型场效应管均处于导通状态,电流从电源进入电机,电机开始转动。在反向工作周期中,控制器输出低电平信号,P型和N型场效应管均处于截止状态,此时,电流经过反向通路进入电机,电机开始反转。

(4)反馈机制。电驱动桥还配备了编码器等传感器,用于监测电机的旋转角度和速度,并将这些信息反馈给控制器。电驱动桥控制器可以根据实际情况对电机进行精确的控制。

通过以上几个步骤,电驱动桥能够实现对电机的精确控制。

4. 轮边减速驱动

轮边减速驱动是车辆驱动的一种方式。它的主要特点在于减速器是安装在车轮旁边的,因此得名轮边减速驱动。这种驱动方式具有结构紧凑、质量小、传动效率高等优点,可以增加纯电动汽车的动力性及续驶里程等。此外,轮边减速器是汽车传动系统中最后一级减速增矩装置,采用轮边减速器可满足在总传动比相同的条件下,使变速器、传动轴、主减速器、差速器、半轴等部件的载荷减少,尺寸变小,以及使驱动桥获得较大的离地间隙等优点,被广泛应用于载重货车、大型客车、越野汽车及其他一些大型工矿用车。

5. 轮毂电机驱动

轮毂电机驱动是一种特殊的电机驱动方式,其电机直接安装在车轮上,每个车轮由独立的电机驱动。这种驱动方式的优点如下。

(1)结构简单。轮毂电机驱动系统结构简单,省去了传统汽车的传动轴和差速器等机械部件,降低了车辆的总质量和体积。

(2)节能环保。轮毂电机驱动可以实现能量回收和再利用,提高了能源利用效率,同时减少了废气排放,更加环保。

(3)动力强劲。轮毂电机驱动的车辆可以拥有更强的动力和转矩输出,加速性能更好,爬坡和承载能力更强。

(4)维护成本低:由于轮毂电机驱动系统结构简单,其机械部件数量较少,维护成本相对较低,维修和更换成本降低。

轮毂电机驱动也存在缺点,例如,其需要精确控制安装在每个车轮上电机的转矩和转速,以实现车辆的稳定性和安全性。

轮毂电机驱动是一种具有潜力的技术,未来可能会在电动汽车、智能驾驶领域得到广泛应用。

纯电动汽车的驱动控制通过嵌入整车控制器中的控制策略程序来实现,根据各传感器输入信号判断车辆所处的工况并决策各工况下驱动电机的目标转矩,然后通过CAN总线将目标值发送给电机控制器(Electrical Machine Controller,EMC),电机控制器根据接收到的命令对电机进行控制,以保证车辆的正常行驶。纯电动汽车的驱动控制如图2-32所示。

针对整车控制器,控制策略的输入信号有节气门开度、制动踏板开度、实际挡位、车辆速度、电机转速、电机转矩以及蓄电池SOC信号等,这些信号经过处理后经由CAN总线传入整车控制器,为驱动控制策略的判断和运算提供依据。纯电动汽车的驱动控制如图2-33所示。

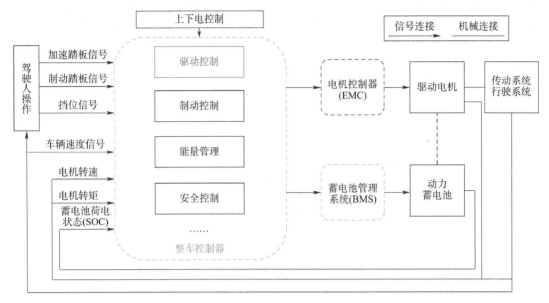

图 2-32 纯电动汽车的驱动控制

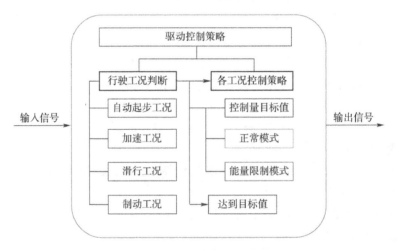

图 2-33 纯电动汽车的驱动控制

整车控制器输出转矩指令信号给到电机控制器,电机控制器输出电机的实际转矩;为确保转矩安全,根据能量守恒原理,利用电机控制器的有功输出平衡原理,实现电机实际转矩输出的监控。电机控制器控制算法为转子磁链定向矢量控制方式。

(三)线控驱动系统特点

1. 集中式驱动系统特点

(1)集中式驱动系统优点如下:
①结构紧凑,便于处理电机冷却、振动隔振以及电磁干扰等问题;
②整车总布置形式与内燃机接近,前舱热管理、隔声处理以及碰撞安全性与原车接近或

者容易处理。

（2）集中式驱动系统缺点如下：

①对电机性能要求高，通常要求使用高转速大功率电机；

②传动链长，传动效率低。

2. 分布式驱动系统特点

（1）分布式驱动系统优点如下：

①整车布置的灵活性和车身造型设计的自由度增大，易于实现同底盘不同造型产品的多样化；

②机械传动系统部分减少或全部取消，可简化驱动系统；

③电机驱动响应迅速，正反转灵活切换，驱动力矩瞬时响应快，恶劣工况的适应能力强；

④更容易实现电气制动、机电复合制动及再生制动，经济性更高，续驶里程更长；

⑤在行驶稳定性方面，通过电机力矩的独立控制，更容易实现对横摆力矩、纵向力矩的控制，从而提高整车的操纵稳定性及行驶安全性。

（2）分布式驱动系统缺点如下：

①为满足各轮运动协调，对多个电机的同步协调控制要求高；

②电机的分散安装布置，提出了结构布置、热管理、电磁兼容以及振动控制等多方面的技术难题。

> **拓展阅读**
>
> ## L3、L4、L5级别下的线控驱动系统
>
> 随着电动车技术的不断成熟，对电气化零部件的要求将日益提升，这也推进线控驱动技术由集中式驱动向分布式驱动不断发展。目前，线控驱动正处于集中式驱动分布的阶段，未来，随着自动驾驶及电气化水平的提高，以轮边电机、轮毂电机为代表的分布式驱动技术方案将得到大量应用。线控驱动技术的发展趋势如图2-34所示。
>
>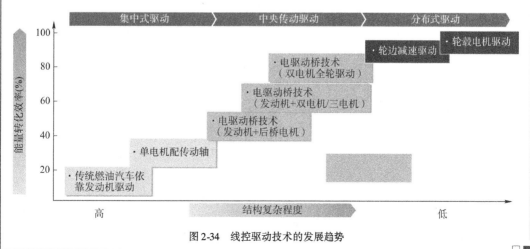
>
> 图2-34　线控驱动技术的发展趋势

在L3、L4级别自动驾驶情况下,新能源汽车线控驱动架构将以中央传统驱动为主。双电机全轮驱动技术极大地简化整车结构布局,拥有更多的整车布置空间、更好的加速性能和操控体验。然而,存在的最大难题主要是其对电控系统要求非常高。双电机全轮驱动技术的特点及优劣势如图2-35所示。

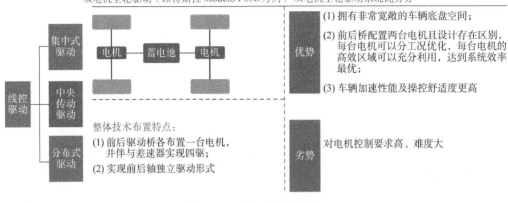

图2-35 双电机全轮驱动技术

在L5级别的自动驾驶下,以轮边电机和轮毂电机为代表的分布式驱动形式将成为主流。轮边减速驱动技术的特点及优劣势如图2-36所示。

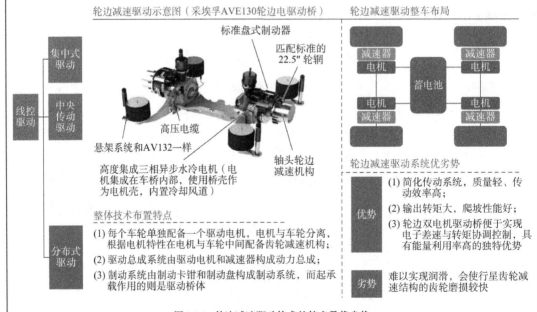

图2-36 轮边减速驱动技术的特点及优劣势

轮毂电机驱动最大特点是动力系统、传动系统、制动系统的高度集成,具有底盘结构大幅简化、应用车型范围广、传动效率高等特性。但是,受制于技术成熟度的影响,目前存在车辆稳定性不足、复杂环境下使用面临散热、抗振等诸多挑战。

> 技能实训

一、传动系统关键部件装配与检查

(一)自动变速器装配

1. 准备工作

1)任务要求

(1)熟悉发动机、液力变矩器、自动变速器、驱动轴等部件装配位置关系;

(2)熟练装配自动变速器总成;

(3)能够查阅装配资料,按照规范流程、标准力矩装配。

2)组织方式

(1)学生自主查阅学习资料,熟悉自动变速器与发动机的装配关系、拧紧力矩、装配流程,将装配流程及注意事项记录下来;

(2)以小组为单位,结合学习资料讨论自动变速器装配流程,统一意见,最终制订 1 套自动变速器装配标准流程;

(3)在教师的引导下,以小组为单位准备工具,完成实操任务,每组 3~6 人,其中,1 人担任组长,1~2 人担任操作员,1 人担任记录员,1 人担任安全员,1 人担任质检员,如人员较少,部分职责可兼任。

(4)修正自动变速器装配流程,分组展示。

3)实施准备

(1)安全要求及注意事项。学员进入实训区务必穿工服,严格遵守实训区安全作业规程,严禁非专业人员或无实训教师在场的情况下私自操纵举升机、带电设备。

(2)场地设施。满足理论及实践教学的工学一体化教学及实训场地。

(3)工具设备或耗材。汽车自动变速器装配技能实训的工具设备或耗材见表 2-3。

汽车自动变速器技能实训的工具设备或耗材　　表 2-3

名称及数量	对应图片
科鲁兹实训轿车 1 辆	

续上表

名称及数量	对应图片
举升机1台	
工具箱1套	
大号、中号、小号扭力扳手各1把	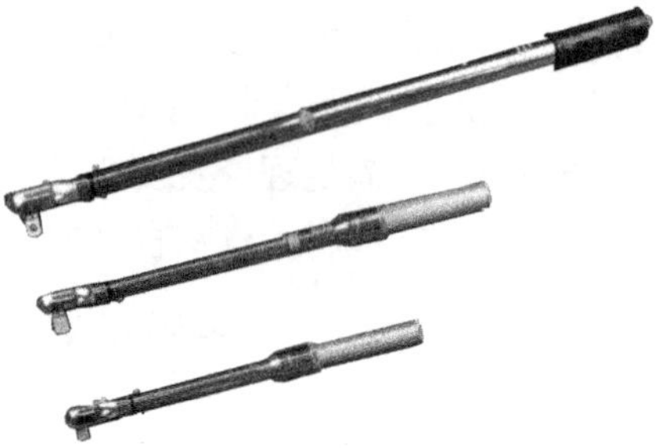
CH-49290支撑工具1个	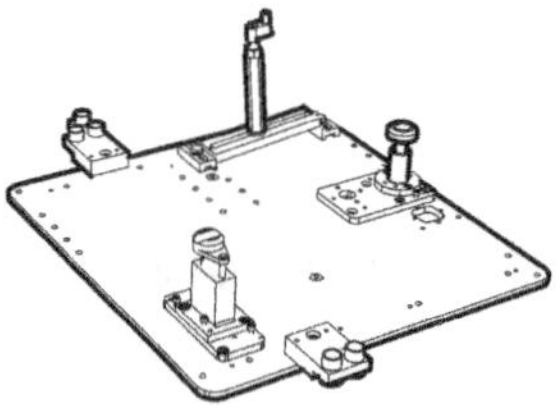

2. 实施步骤

汽车自动变速器装配技能实训的实施步骤见表2-4。

汽车自动变速器装配技能实训的实施步骤　　　　　表2-4

操作步骤	参考图片
1）安装变速器螺栓 （1）用变速器千斤顶和 DT-47648 固定工具举升变速器并将变速器放置于发动机上； （2）安装变速器螺栓1、螺栓3、螺栓4、螺栓5并紧固至58N·m。 注：自动变速器型号为6T30	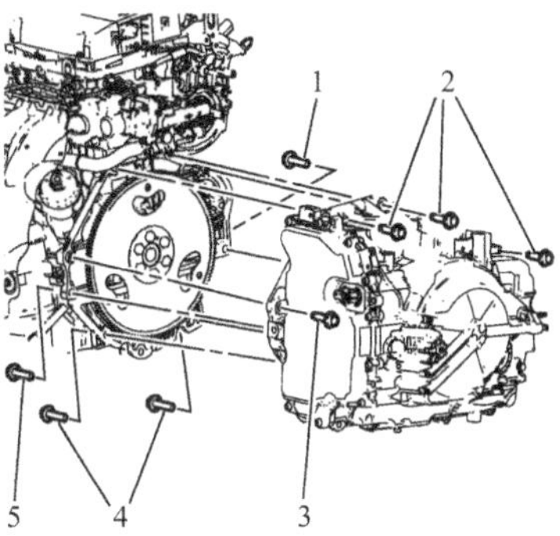
2）附属部件安装 （1）用 DT-47648 固定工具拆下变速器千斤顶； （2）降下车辆，用 EN-47649 支撑夹具举升左手侧的发动机和变速器； （3）安装变速器支座螺栓，但不紧固； （4）举升车辆； （5）安装变矩器至飞轮的螺栓1，并紧固至60N·m； （6）安装盖2； （7）安装起动电机； （8）将变速器后支座托架安装至变速器； （9）将右前轮驱动轴安装至变速器； （10）将左前轮驱动轴安装至变速器； （11）安装传动系统和前副车架； （12）降下车辆； （13）拆下 EN-47649 支撑夹具； （14）举升车辆	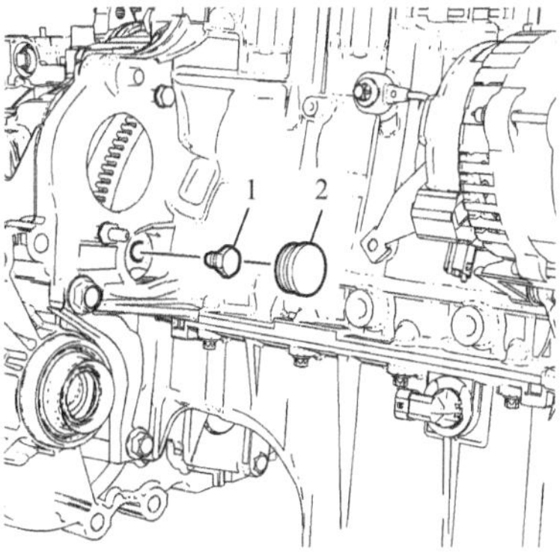
3）拆下支撑工具 （1）使用 CH-904 底座架和千斤顶降下 CH-49290 支撑工具1； （2）从 CH-904 底座架上拆下 CH-49290 支撑工具	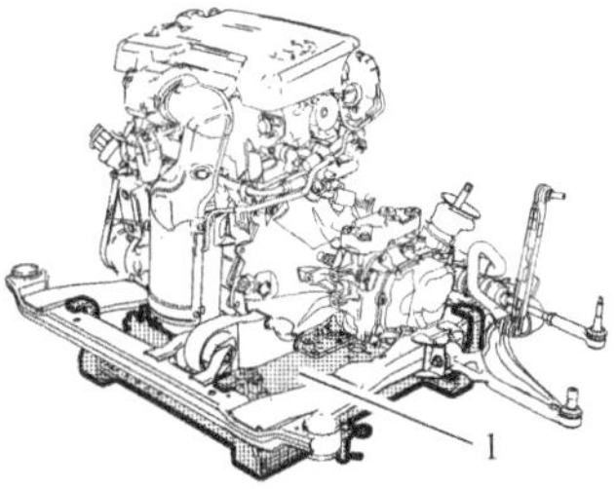

续上表

操作步骤	参考图片
4)安装变速器至发动机螺栓 (1)安装3个变速器上部至发动机的螺栓2,并紧固至58N·m; (2)将变速器油冷却器进口管安装至变速器 (3)将变速器油冷却器出口管安装至变速器	
5)路试前准备 (1)连接控制阀体变速器控制模块(TCM)电气连接器1; (2)安装变速器换挡杆拉锁; (3)调整自动变速器换挡杆拉线; (4)用正确的油液将变速器加注至正确油位; (5)安装蓄电池托架; (6)维修后参见"控制模块参考",以便进行编程和设置程序; (7)路试车辆	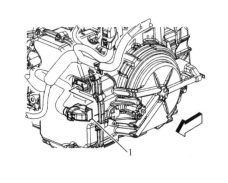

(二)动力蓄电池装配

1. 准备工作

1)任务要求

(1)熟悉高压安全操作规范;

(2)能够查阅装配资料,按照规范流程、标准力矩装配动力蓄电池。

2)组织方式

(1)学生自主查阅学习资料,熟悉动力蓄电池的装配位置关系,深入理解其作用,将装配流程及注意事项记录下来;

(2)以小组为单位,结合学习资料讨论动力蓄电池装配流程,统一意见,最终制订1套动力蓄电池装配标准流程;

(3)在教师的引导下,以小组为单位准备工具,完成实操任务,每组3~6人,其中,1人担任组长,1~2人担任操作员,1人担任记录员,1人担任安全员,1人担任质检员,如人员较少,部分职责可兼任。

(4)补充动力蓄电池装配流程、注意事项,分组展示。

3）实施准备

（1）安全要求及注意事项。学员进入实训区务必穿工服和绝缘鞋，戴绝缘手套和护目镜，严格遵守实训区安全作业规程，严禁非专业人员或无实训教师在场的情况下私自操纵举升机、带电设备。

（2）场地设施。满足理论及实践教学的工学一体化教学及实训场地。

（3）工具设备或耗材。纯电动汽车 EU5 动力蓄电池装配技能实训的工具设备或耗材见表 2-5。

动力蓄电池装配技能实训的工具设备或耗材　　　　表 2-5

名称及数量	对应图片
EU5 实训轿车 1 辆	
工具箱 1 套	
中号、小号扭力扳手各 1 把	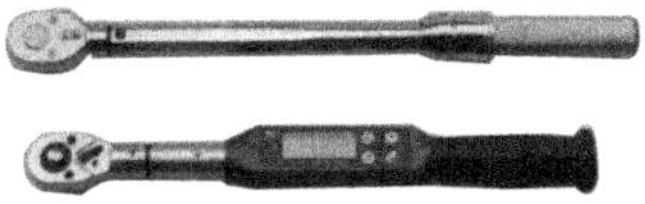
锂离子动力蓄电池系统托架 1 个	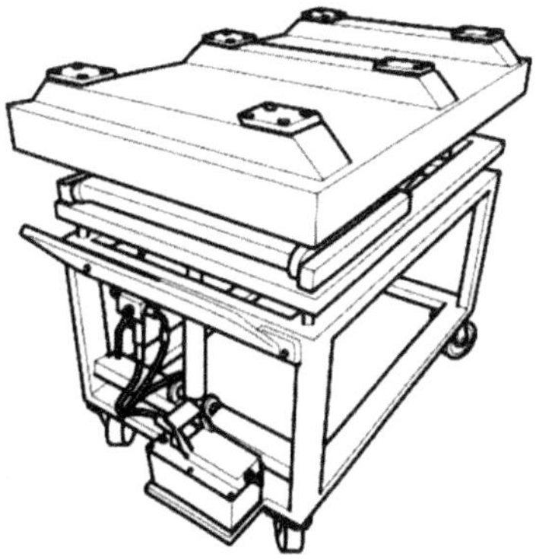

2. 实施步骤

动力蓄电池装配技能实训的实施步骤见表2-6。

动力蓄电池装配技能实训的实施步骤　　　　表2-6

操作步骤	参考图片
1)安装动力蓄电池总成 (1)缓慢升起锂离子动力蓄电池系统托架; (2)安装锂离子动力蓄电池系统1,拧紧箭头所示固定螺栓; 螺栓规格:M12×1.75×60; 螺栓拧紧力矩:75~95N·m; 使用工具:18mm 6角套筒	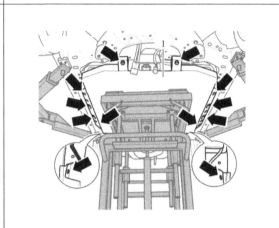
2)连接线束 (1)连接高压总正/总负连接插头(箭头B); (2)拧紧高压总正/总负插头固定螺栓(箭头A); 螺栓使用工具:T10花形旋具角套筒; 螺栓拧紧力矩:5~7N·m; (3)连接低压信号连接插头(箭头C); (4)安装前机舱后部底护板; (5)连接蓄电池负极电缆	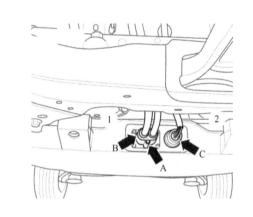
3)诊断仪检测 (1)启动停止按键置于RUN状态,进行锂离子动力蓄电池系统配置(写入蓄电池编码),具体配置项目参照诊断仪提示进行操作; (2)连接诊断仪进行检测	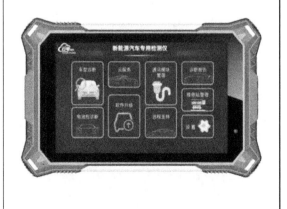

(三)驱动电动机装配

1. 准备工作

1)任务要求

(1)熟悉高压安全操作规范;

(2)能够查阅装配资料,按照规范流程、标准力矩装配动力蓄电池。

2)组织方式

(1)学生自主查阅学习资料,熟悉动力蓄电池的装配位置关系,深入理解其作用,将装配流程及注意事项记录下来;

(2)以小组为单位,结合学习资料讨论动力蓄电池装配流程,统一意见,最终制订1套动力蓄电池装配标准流程;

(3)在教师的引导下,以小组为单位准备工具,完成实操任务,每组3~6人,其中,1人担任组长,1~2人担任操作员,1人担任记录员,1人担任安全员,1人担任质检员,如人员较少,部分职责可兼任;

(4)补充动力蓄电池装配流程、注意事项,分组展示。

3)实施准备

(1)安全要求及注意事项。学员进入实训区务必穿工服和绝缘鞋,戴绝缘手套和护目镜,严格遵守实训区安全作业规程,严禁非专业人员或无实训教师在场的情况下私自操纵举升机、带电设备。

(2)场地设施。满足理论及实践教学的工学一体化教学及实训场地。

(3)工具设备或耗材。纯电动汽车EU5动力蓄电池装配技能实训的工具设备或耗材见表2-7。

驱动电机装配技能实训的工具设备或耗材　　　　表2-7

名称及数量	对应图片
EU5实训轿车1辆	

续上表

名称及数量	对应图片
工具箱 1 套	
中号、小号扭力扳手各 1 把	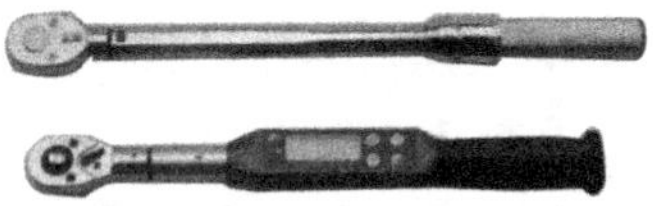
举升设备 1 套	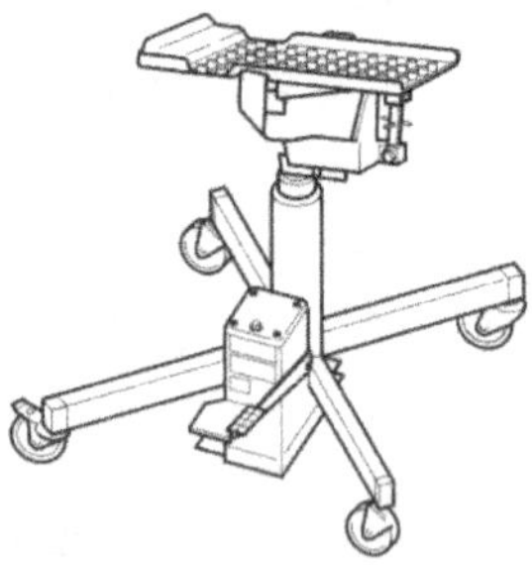

2. 实施步骤

驱动电机装配技能实训的实施步骤见表 2-8。

驱动电机装配技能实训的实施步骤 　　　　　表 2-8

操作步骤	参考图片
1)涂抹润滑脂 (1)清洁驱动电动机花键(箭头 A)区域与减速器连接花键(箭头 B)区域; (2)在 A、B 区域均匀涂抹润滑脂; 润滑脂规格:德国力魔 LM48 润滑脂; 使用量:20g	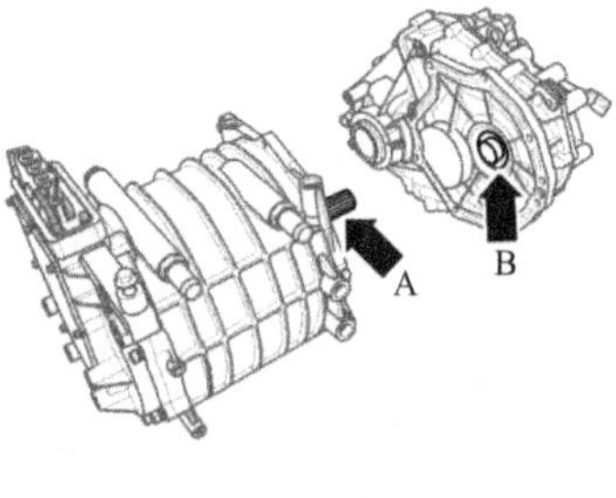

续上表

操作步骤	参考图片
2)组装电机与减速器 (1)组装驱动电机1与减速器2,用 M8×1.25×35 规格固定螺栓拧紧; (2)施加力矩; 螺栓拧紧力矩:36~40N·m; 螺栓使用工具:10mm 6 角套筒	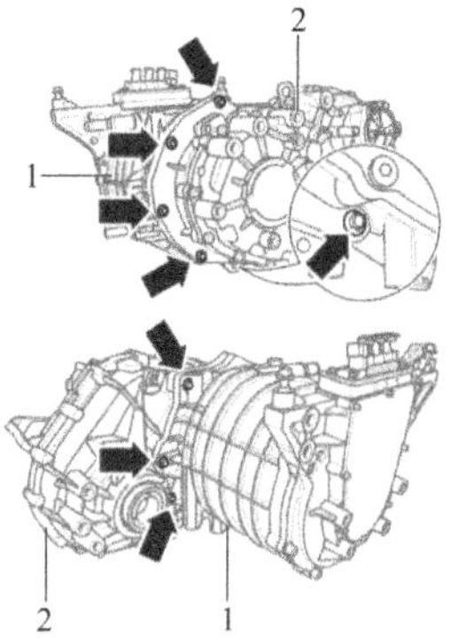
3)安装右悬置支架 (1)拧紧右悬置支架与电机总成固定螺栓,如箭头所示,螺栓规格:M12×1.25×60; (2)施加拧紧力矩; 螺栓拧紧力矩:85~95N·m; 使用工具:15mm 6 角套筒	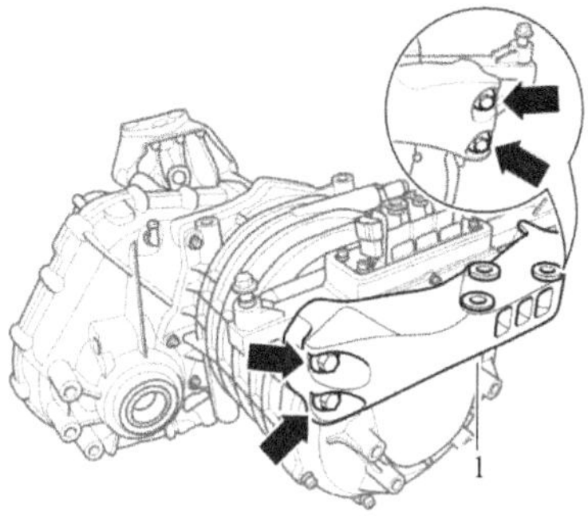
4)安装动力总成 (1)使用动力总成举升装置安装动力总成1; (2)确保动力总成举升器的底座与举升物品接触紧密; (3)将举升器调整到与物体底部接触,确保物体底部完全位于举升装置的下压板或匹配平台上; (4)检查并确认安全锁功能已经启用	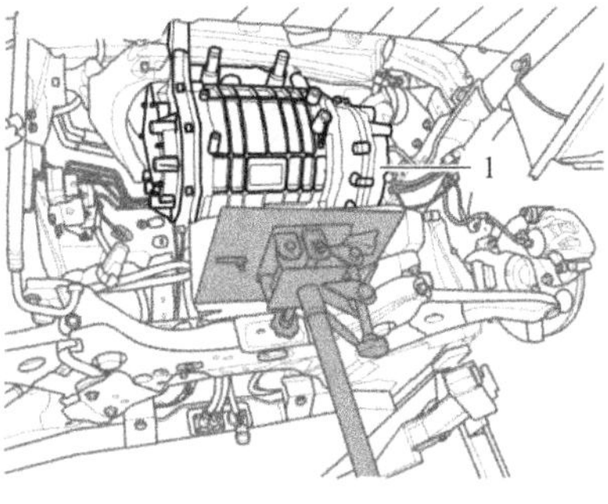
5)安装左右悬置软垫与悬置支架固定螺栓 (1)安装右悬置软垫与右悬置支架固定螺栓; (2)安装左悬置软垫与右悬置支架固定螺栓; 螺栓规格:M10×1.25×60; 螺栓拧紧力矩:60~70N·m; 螺栓使用工具:13mm 6 角套筒	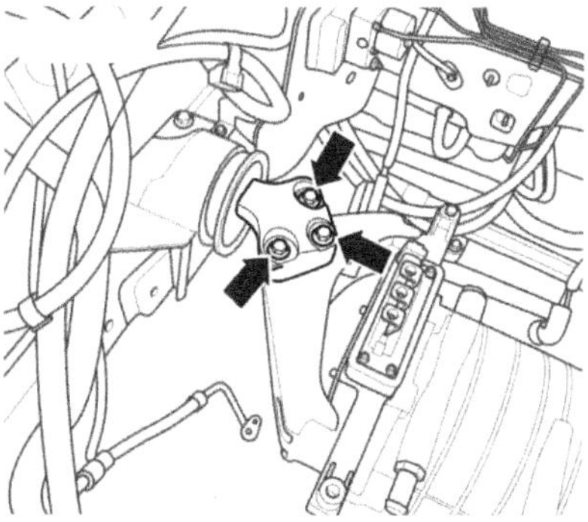

续上表

操作步骤	参考图片
6)安装后悬置与动力总成 (1)安装固定螺栓(箭头 A); 螺栓(箭头 A)规格:M14×1.5×80; 螺栓(箭头 A)拧紧力矩:150~170N·m; 使用工具:21mm 6 角套筒; (2)安装固定螺栓(箭头 B); 螺栓(箭头 B)规格:M12×1.25×50; 拧紧力矩:85~95N·m; 螺栓(箭头 B)使用工具:15mm 6 角套筒	
7)拧紧固定卡箍 (1)拧紧卡箍(箭头 C),安装驱动电机进水管3; (2)拧紧固定卡箍(箭头 B),完成驱动电机出水管2与驱动电机的连接; (3)拧紧固定螺栓(箭头 A),安装 PEU 支架1; 螺栓(箭头 A)规格:M10×1.25×25; 拧紧力矩:45~55N·m; 使用工具:13mm 6 角套筒	

二、技能考核标准

技能考核标准见表2-9。

技能考核标准　　　　　　　　　　表2-9

序号	项目	评价内容	评价分值	学生自评	学生互评	教师评价
1	时间要求	能按照规定时间完成任务	5			
2	质量要求	工作计划制订合理	15			
3		认真查阅资料,按流程操作	15			
4		力矩规格、参数输入准确	15			
5		车辆及系统运行可靠	10			
6		能进一步完善工作计划	5			
7	安全意识	穿工服、绝缘鞋、佩戴安全帽、绝缘手套、护目镜等防护用品	5			
8		注重车辆防护	5			
9		杜绝安全隐患	10			

续上表

序号	项目	评价内容	评价分值	学生自评	学生互评	教师评价
10	环保意识	工具、废弃物及时处理	5			
11	环保意识	注重环境卫生保持与清洁	5			
12	职业精神	一丝不苟、追求卓越	5			
		合计	100			

思考与练习

一、判断题

1. 传动系统具有增大发动机的转矩、降低发动机输出转速、改变发动机输出转速的转动方向、切断发动机向驱动轮的动力传输等功能。（　　）

2. 汽车传动系统按照布置形式不同可分为前置前驱、前置后驱、后置后驱、中置后驱、四轮驱动等。（　　）

3. 离合器的作用是保证汽车平稳起步和变速器平顺换挡并防止传动系过载。（　　）

4. 当大齿轮驱动小齿轮时，输出转速升高，此时传动比 $i>1$。（　　）

5. 断开式驱动桥两侧的驱动车轮及桥壳可以彼此独立地相对于车架或车身上下跳动。（　　）

6. 驱动电动机在纯电动汽车中既具备电动机的功能又具备发电机的功能。（　　）

7. 电动机-驱动桥整体式驱动方式，把电动机、固定速比减速器和差速器集成为一个整体，两根半轴连接驱动车轮。（　　）

8. 单电机驱动结构主要由电动机、减速器、传动半轴和差速器等结构组成，无须离合器和变速器，因此，机舱空间可以压缩到非常小。（　　）

9. 轮边电机驱动系统通过电机加减速器组合对驱动轮单独驱动，且电机不集成在车轮内。（　　）

10. 电驱动桥是用于控制和驱动电机的装置。（　　）

二、选择题

1. 下列不属于离合器的组成部分的是（　　）。
   A. 主动部分　　B. 泵轮　　C. 压紧机构　　D. 操纵机构

2. 下列不属于典型液力变矩器组成部件的是（　　）。
   A. 泵轮　　B. 涡轮　　C. 飞轮　　D. 导轮

3. 下列哪种自动变速器由液力变矩器与行星齿轮变速器组成？（　　）
   A. CVT　　B. AT　　C. DCT　　D. AMT

4. 与传统手动变速器相比，自动变速器的特点不包括（　　）。
   A. 提高了行车安全性　　B. 提高了动力性
   C. 提高了舒适性　　D. 降低了油耗

5. （　　）不仅是驱动系统的控制中心，还要对整辆纯电动汽车的控制起到协调作用。
   A. 中央控制单元　　B. 驱动电机　　C. 驱动控制器　　D. 动力管理模块

6. 下列哪种电机的功率密度高？（　　）
   A. 永磁直流无刷电机　　　　　　　　B. 交流感应电机
   C. 永磁同步电机　　　　　　　　　　D. 开关磁阻电机
7. 下列哪种电机的转速范围最大？（　　）
   A. 永磁直流无刷电机　　　　　　　　B. 交流感应电机
   C. 永磁同步电机　　　　　　　　　　D. 开关磁阻电机
8. 下列不属于永磁直流无刷电机主要组成部分的是（　　）。
   A. 电动机本体　　B. 电子换向器　　C. 集电环　　　　D. 转子位置传感器
9. 集中式线控驱动系统的特点不包括（　　）。
   A. 结构紧凑　　　　　　　　　　　　B. 便于处理电机冷却问题
   C. 对电机性能要求高　　　　　　　　D. 传动效率高
10. 分布式线控驱动系统的特点不包括（　　）。
    A. 布置灵活性增大　　　　　　　　　B. 可简化驱动系统
    C. 电机驱动响应迅速　　　　　　　　D. 不容易实现电气制动

模块三

智能汽车行驶系统装配与检查

学习目标

❖ 知识目标
1. 熟知车轮与轮胎的构造与规格;
2. 熟知传统悬架中弹性元件、减振器、导向装置的类型、构造、工作原理;
3. 熟知线控悬架的基本结构与工作原理。

❖ 技能目标
1. 能够按照规范和标准完成车轮与轮胎的检查与拆装;
2. 能够按照规范和标准完成悬架系统的检查与拆装;
3. 能够按照规范和标准完成线控悬架系统的检查与拆装。

❖ 素养目标
1. 具备利用信息技术查找学习资料的能力;
2. 培养团队合作、协调工作以及严谨认真的工作能力。

建议课时
10 课时

一 车轮与轮胎

（一）什么是行驶系统

汽车的动力最终是需要传递到车轮上驱动汽车行驶，能接受该动力并且使汽车行驶起来的一系列部件，统称为汽车的行驶系统。绝大部分汽车的行驶系统主要采用轮式行驶系统，其结构特点是车轮直接与路面接触，通过汽车车轮的滚动来驱动汽车行驶。

汽车行驶系统的作用是接受传动系统传来的转矩，并通过驱动轮与路面的附着作用产生路面对驱动轮的驱动力，用来驱动汽车行驶；同时承受汽车的总质量，传递并承受路面作用于车轮上的各个方向的反力及转矩；与转向系统协调配合工作，控制汽车的行驶方向；与制动系统协调配合工作，保证汽车的安全性与稳定性；与其他各系统的协同，对车辆起到缓冲减振的作用，保证汽车行驶过程中的平顺性和稳定性。因此，行驶系统直接影响着汽车的操控性、安全性和舒适性。

（二）行驶系统组成及受力情况

轮式汽车行驶系统一般由车架（或者承载式车身）、车桥（前、后车桥）、车轮和悬架（前、后悬架）组成，其结构及受力情况，如图3-1所示。

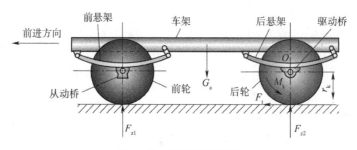

图3-1 轮式汽车行驶系结构

车架是全车装配与支撑的基础，它将汽车的各相关总成连接成一个整体。车架必须具有足够的强度和刚度，以承受汽车的载荷和从车轮传来的冲击。车轮分别装在前桥和后桥上，支撑着车桥和汽车。为了减少汽车在行驶中受到的各种冲击与振动，车桥与车架之间通过悬架系统连接在一起。

汽车的总质力 G_a 通过前、后车轮传到地面，引起地面作用于前轮和后轮上的垂直反力 F_{z1} 和 F_{z2}，当驱动桥中半轴将驱动转矩 M_k 传到驱动轮上时，产生路面作用于驱动轮边缘上的向前的纵向驱动力，用 F_t 表示，驱动力用以克服驱动轮本身的滚动阻力，其余大部分则依次通过驱动桥壳、后悬架传到车架，用来克服作用于汽车上的空气阻力和坡道阻力，还有一部分驱动力由车架经过前悬架传至从动桥，作用于自由支撑在从动桥两端转向节上的从动轮中心,使前轮克服滚动阻力向前滚动。因此,整个汽车便向前行驶了。

目前,绝大部分轿车上没有车架,车架被承载式车身取代,如图3-2所示;绝大部分轿车上两侧车轮通过各自悬架系统与车身相连,如图3-3所示。

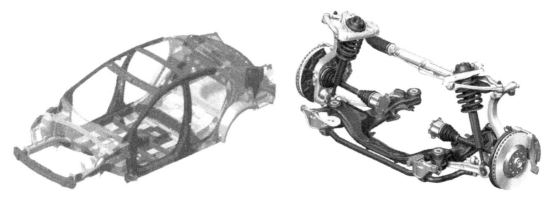

图3-2　承载式车身结构　　　　　　　　图3-3　轿车前悬架系统

(三)车轮作用及结构

车轮总成包括车轮与轮胎,它们是汽车行驶系统中的重要组成部分,位于车身与路面之间,其功用是承载汽车的质量,传递汽车与路面之间的各种力和力矩,吸收和缓冲车轮受路面颠簸时引起的冲击和振动,保持汽车的行驶方向,提供行驶的稳定性等。

车轮是介于轮胎和轮毂之间承受载荷并与轮毂一同旋转的组件,一般由轮辋、轮辐组成,如图3-4所示。轮辋俗称轮圈,是车轮上安装、支撑和固定轮胎的部件,轮辐是车轮上连接轮辋和轮毂的部分,提供支撑作用。轮辋和轮辐可以是整体式的、永久连接式的,也可以是可拆卸式的。

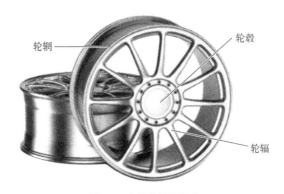

图3-4　车轮的结构组成

1. 轮辐

按照轮辐结构的不同,车轮可以分为辐板式车轮和辐条式车轮。

辐板式车轮是指轮辋和轮辐永久连接的车轮。其连接轮辋与轮毂的轮辐为圆盘状辐板,如图3-5所示。辐板和轮辋焊接或铆接固定成一个整体,辐板通常使用螺栓安装在轮毂上。

辐条式车轮是指轮辋由若干辐条连接到轮毂而构成的车轮。辐条式车轮的轮辐是钢丝辐条或者与轮毂铸成一体的铸造辐条,如图3-6所示。钢丝辐条价格昂贵,维修不便,故仅用在赛车和某些高级轿车上。铸造辐条用在载质量较大的重型货车,辐条与轮毂铸成一体,轮辋是用螺栓和特殊形状的衬块固定在辐条上。

图3-5 辐板式车轮　　　　　　　　　　图3-6 辐条式车轮

2. 轮辋

轮辋是轮胎装配和固定的基础。国产轮辋的结构形式,根据其组成的零部件数量不同,分为:一件式轮辋、两件式轮辋、三件式轮辋、四件式轮辋和五件式轮辋。其中,由一个零部件构成的轮辋,称为一件式轮辋,由两个、三个、四个、五个零部件构成的轮辋,分别为两件式轮辋、三件式轮辋、四件式轮辋、五件式轮辋,如图3-7所示,图中数字表示零部件数量。

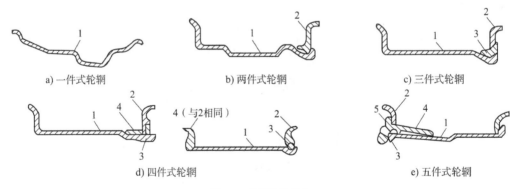

图3-7 轮辋结构形式

国产轮辋规格用数字、符号及字母组合而成。轮辋宽度和轮辋直径均以数字表示,单位为英寸(in);轮辋高度代号以拉丁字母表示,单位为厘米(cm);轮辋结构形式代号,符号"×"表示该轮辋为一件式轮辋,符号"-"表示该轮辋为两件或两件以上的多件式轮辋。例如,奥迪A6前轮辋为7J×16,其含义为该轮辋宽度为7in,轮辋直径为16in的一件式轮辋,J则表示轮毂的轮廓线形状。解放CA1092型汽车轮辋规格为6.5-20,其含义为该轮辋宽度为6.5in,轮辋直径为20in的多件式轮辋。

(四)轮胎作用及结构

汽车轮胎安装在轮辋上,直接与路面接触。轮胎的作用是支撑汽车的全部质量、缓冲由于路面不平所造成的振动和冲击,保证汽车与路面良好的附着性,提高车辆的安全性。

目前,市场上轿车所使用的轮胎绝大多数为无内胎的子午线轮胎。无内胎轮胎外观与有内胎轮胎相似,不同的是没有内胎及垫带,空气直接充入外胎中,因此,要求轮胎与轮辋之间有很好的密封性。无内胎轮胎在轮胎内壁表面上附有一层 2~3mm 的橡胶密封层,称为气密封衬层。气门嘴直接固定在轮辋上,无内胎轮胎结构如图 3-8 所示。

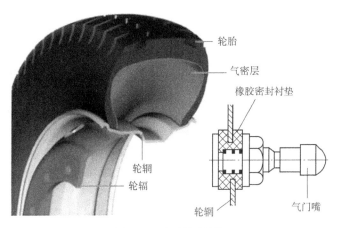

图 3-8 无内胎轮胎结构

轮胎是由胎面、帘布层、缓冲层以及胎圈等组成。轮胎结构如图 3-9 所示。

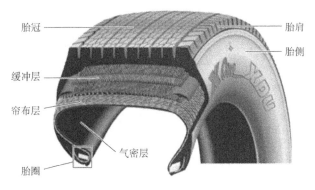

图 3-9 轮胎结构

1. 胎面

胎面是轮胎的外表面,可分为胎冠、胎肩及胎侧三部分。胎冠是直接与路面接触的部分,保护轮胎内帘布,延长轮胎寿命。为提高轮胎的排水性能、驱动性能、制动性能,在轮胎胎冠上刻有花纹,如图 3-10 所示。胎肩是胎冠与胎侧过渡连接部分,采用能够保护轮胎和散热的设计。胎侧也称胎壁,为了保护轮胎侧面部分的帘线层,在表面覆盖有橡胶。在胎壁上标有轮胎尺寸、制造商名和商标等。

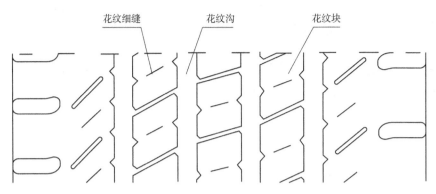

图 3-10　轮胎花纹示意图

2. 帘布层

帘布层由橡胶、纤维或钢丝制作而成,用于形成轮胎的骨架。帘布层呈反射网状结构,能够贴合轮胎的轮廓,保持气压,提高轮胎的抗冲击力。帘布层数增多,轮胎的强度增大,但是其弹性下降。

轮胎按帘布层帘线排列方式不同,可分为斜交轮胎和子午线轮胎,如图 3-11 所示。斜交轮胎是早期的轮胎结构形式,其帘线与胎面中心线呈一定的角度排列,而不是垂直于胎面,称为斜角轮胎。而子午线轮胎的帘线与胎面中心线的夹角接近 90°,帘线在轮胎上的分布好像地球的子午线,称为子午线轮胎。

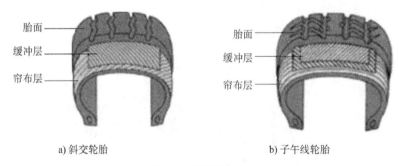

a) 斜交轮胎　　　　　　　　　b) 子午线轮胎

图 3-11　轮胎结构类型

与普通斜交轮胎相比,子午线轮胎质量轻、弹性大、减振性能好,车辆在行驶过程中平稳,振动和噪声减少,乘坐舒适性提高;子午线轮胎附着性能好,滚动阻力小,能保持车辆良好的操控性能和燃油经济性。但是,子午线轮胎的成本相对较高,胎侧偏软,轮胎容易产生侧向变形和裂口,影响其侧向稳定性,需要特别注意使用和维护。

3. 缓冲层

缓冲层是位于胎面和帘布层之间的补强层。其作用是缓冲冲击,并可防止胎面产生的外伤波及帘布层,还可以防止胎面和帘布层的脱离。

4. 胎圈

胎圈是将轮胎固定在轮辋上的部分。胎圈由钢线圈、帘布层边和胎圈包边组成,有很大的刚度和强度,使外胎牢固地固定在轮辋上。

(五)轮胎规格表示方法

1. 轮胎规格

轮胎的规格可用外胎直径 D、轮辋直径 d、断面宽 B 和断面高度 H 代号表示,如图 3-12 所示。

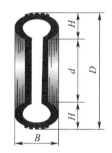

a) 轮胎外形尺寸标注　　b) 轮胎断面尺寸标注

图 3-12　轮胎尺寸标注

子午线轮胎规格标识示例如图 3-13 所示。其中,轮胎高宽比也被称为轮胎扁平率,其是轮胎的断面高度 H 与断面宽度 B 的比值,以百分比表示;60 表示该轮胎断面高 H 是断面宽 B 的 60%。数字越小,轮胎越扁平。扁平比数值越小,轮胎的操控性能越好,舒适性会下降。而扁平比数值越大,轮胎的舒适性好,但操控性能会下降。

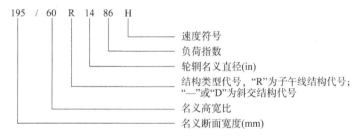

图 3-13　轮胎规格标识

2. 速度符号

轮胎的速度性能与汽车的最高行驶速度相匹配,因此,轮胎需标明其速度等级。在国标中,速度符号用大写拉丁字母表示。轮胎速度符号与最高行驶速度对应表见表 3-1。

轮胎速度符号与最高行驶速度对应表　　　　表 3-1

速度符号	最高行驶速度 (km/h)	速度符号	最高行驶速度 (km/h)	速度符号	最高行驶速度 (km/h)
C	60	F	80	K	110
D	65	G	90	L	120
E	70	J	100	M	130

续上表

速度符号	最高行驶速度（km/h）	速度符号	最高行驶速度（km/h）	速度符号	最高行驶速度（km/h）
N	140	S	180	V	240
P	150	T	190	W	270
Q	160	U	200	Y	300
R	170	H	210	ZR	≥240

因此，轮胎规格标识示例中速度符号 H 代表其最高行驶速度为 210km/h。

3. 负荷指数

轮胎的负荷能力是指在一定行驶速度和相应充气压力时其最大载质量。目前，国际上普遍采用负荷指数来表示子午线轮胎的负荷能力，将负荷指数用阿拉伯数字标记在轮胎的侧面。轮胎规格标识示例中阿拉伯数字 86 代表负荷指数，表明其载荷能力为 530kg。表 3-2 为轮胎不同负荷指数对应的载荷能力。

轮胎主要参数及含义

轮胎负荷指数与载荷能力对应表　　　　表 3-2

负荷指数	载荷(kg)	负荷指数	载荷(kg)	负荷指数	载荷(kg)
78	425	89	580	100	800
79	437	90	600	101	825
80	450	91	615	102	850
81	462	92	630	103	875
82	475	93	650	104	900
83	487	94	670	105	925
84	500	95	690	106	950
85	515	96	710	107	975
86	530	97	730	108	1000
87	545	98	750	109	1030
88	560	99	775	110	1060

二 悬架系统

（一）悬架系统作用

悬架是汽车车架（或承载式车身）与车桥（或车轮）之间一切传力连接装置的总称。悬架的作用是传递路面作用在车轮上的反力,如垂直方向的支撑力、纵向的牵引力和制动力等,以及将这些反力所造成的力矩传递到车架(或车身)上,并且缓和由不平路面传给车身的冲击载荷,衰减由此引起的振动,保证乘员的舒适性,以保证汽车的正常行驶。

(二)悬架系统类型及结构组成

按照系统结构不同,汽车悬架可以分为两大类:独立悬架和非独立悬架。独立悬架的车桥做成断开的,每一侧的车轮可以单独地通过弹性悬架与车架(或车身)连接,两侧车轮可以单独跳动,互不影响;非独立悬架是两侧的车轮以一根整体式车桥相连,车轮连同车桥一起通过弹性悬架与车架(或车身)连接,当一侧车轮因道路不平而发生跳动时,必然引起另一侧车轮在汽车横向平面内发生摆动。汽车悬架系统类型如图3-14所示。

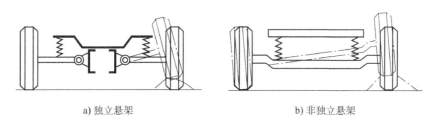

a) 独立悬架　　　　　　　　b) 非独立悬架

图3-14　悬架系统类型

汽车悬架一般由弹性元件、减振器和导向机构(摆臂、横向稳定杆等)三部分组成,如图3-15所示。

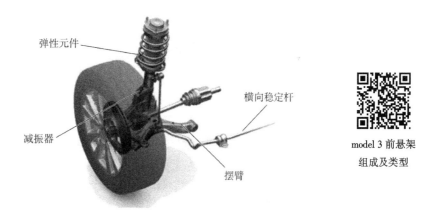

model 3 前悬架
组成及类型

图3-15　汽车前悬架结构

1. 弹性元件

弹性元件的作用是使车架(或车身)与车桥(或车轮)之间成为弹性连接以及与轮胎一起缓和不平路面对车辆的冲击,提高乘员的乘坐舒适性,避免车内物品的损伤,延长汽车的使用寿命。

汽车悬架中弹性元件的材料大多为弹簧钢,也有使用气体、橡胶等,依靠它们在工作时的变形来缓和冲击。用弹簧钢做成的弹性元件主要有钢板弹簧、螺旋弹簧、扭杆弹簧;利用气体压缩弹性可做成空气弹簧簧;利用橡胶弹性也可做成橡胶弹簧。弹性元件类型如图3-16所示。

图 3-16 弹性元件类型

一般轿车悬架大多采用螺旋弹簧,商用车广泛采用钢板弹簧,带有车架的越野汽车保留扭杆弹簧,部分高级轿车采用空气弹簧。

2. 减振器

弹性系统受到冲击时会产生振动,持续的振动容易使乘员感到不舒适或疲劳,为了使弹性系统的振动迅速衰减,悬架系统还需安装减振器。

汽车减振器有液力式减振器、充气式减振器和阻力可调式减振器等。目前,汽车广泛采用筒式液力式减振器,并在压缩和伸张两个行程内均能起减振作用,故称为双向作用筒式减振器。

筒式减振器结构一般包括:活塞杆,活塞,工作缸筒,防尘罩及储液缸筒,压缩阀、伸张阀、流通阀和补偿阀等,如图 3-17 所示。

双向作用筒式减振器的工作过程如下:压缩行程时,减振器被压缩,汽车车轮移近车身,减振器内的活塞向下移动,下腔的容积减小,油压升高,大部分油液冲开流通阀流入上腔,由于上腔被活塞杆占去了一部分空间,因而上腔增加的容积小于下腔减小的容积,于是,另一部分油液就推开压缩阀,流回到储油缸内,油液通过阀孔时所形成的节流作用就产生了对悬架受压缩运动的阻尼作用;在伸张行程时,减振器受拉伸,车轮远离车身,这时减振器的活塞向上移动,上腔油压升高,流通阀被关闭,上腔内的油液压开伸张阀流入下腔,由于活塞杆的存在,自上

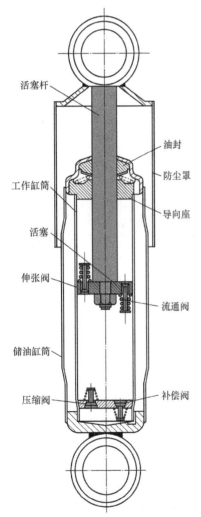

图 3-17 筒式液力减振器结构

腔流来的油液不足以充满下腔增加的容积,促使下腔产生一定的真空度,这时储油缸中的油液推开补偿阀流进下腔进行补充,这些阀的节流就对悬架在伸张运动时起到阻尼作用。

流通阀和补偿阀是一般的止回阀,其弹簧很弱。当阀上的油压作用力与弹簧力同向时,阀处于关闭状态;当油压作用力与弹簧力反向时,只要有很小的油压,阀便能开启。压缩阀和伸张阀是泄荷阀,其弹簧较强,预紧力较大,只有当油压升高到一定程度时,阀才能开启。

3. 导向机构

导向机构也是传力机构,其作用有:传递各个方向的力和力矩;使车轮按一定轨迹相对于车架和车身跳动。汽车在行驶过程中,车轮(特别是转向轮)的运动轨迹应符合一定的要求,否则,对汽车的某些行驶性能(特别是操纵稳定性)有不利的影响。

现代轿车的悬架一般都很"软",在高速行驶中转向时,车身会产生很大的横向倾斜和横向角振动。为减少这种横向倾斜,往往在悬架中加设横向稳定器,而用得最多的是杆式横向稳定器(图 3-15 中横向稳定杆)。弹性的横向稳定杆所产生的扭转的内力矩就阻碍了悬架弹簧的变形,起到了阻止车身倾斜的作用,因而减小了车身的横向倾斜和横向角振动。

比亚迪 E5 前悬架结构组成及类型

比亚迪 E5 后悬架结构组成及类型

三 线控悬架系统

(一)什么是线控悬架系统

汽车产业正在进行电动化、智能化的转型升级,汽车底盘也面临着从传统底盘、电动底盘到智能底盘的发展,带动悬架系统向线控悬架迭代。随着新能源汽车电动化、智能化发展,线控主动悬架的应用成为必然趋势。线控悬架并不是新技术,其发展相对还有点儿"超前",目前,高端汽车正在普及其应用,例如:奔驰 S600(液压悬架)和宝马 7 系(空气悬架)宣称的"魔毯"悬架系统,通用凯迪拉克的 MRC 主动电磁悬架系统,以及各种 C 级、D 级车上的自适应空气悬架系统等,它们都属于线控悬架。随着新能源汽车技术的不断发展,人们对汽车驾乘的舒适性提出了更高的要求,线控悬架技术得到越来越应用广泛。

1. 线控悬架系统定义

线控悬架系统(Suspension-By-Wire)也称为电控悬架或者主动悬架系统,是智能网联汽车的重要组成部分。

车辆在行驶中,车身高度的变化取决于弹簧的变形。弹簧结构简单、实用,但因其弹性和阻尼不能随外部路况变化,致使驾驶及乘坐舒适性较差。线控悬架系统与传统悬架系统的最大差异在于弹簧及减振元件的升级,并且线控悬架系统新增电子控制及气泵等电动化部件,能够实现纵垂协同控制,赋予悬架智能主动调节功能。

悬架系统发展,经历了从被动调节到主动调节,即从"螺旋弹簧+减振器"组合向"空气弹簧+CDC型减振器"组合升级。以空气悬架为代表的线控悬架已逐步成为中高端智能电动汽车的标配。

2. 线控悬架系统作用

悬架中弹性元件的弹性和减振器的阻尼系统直接影响到汽车行驶的平顺性(舒适性)和操纵稳定性。汽车传统悬架的刚度和阻尼均为固定系数,不能随外部路况变化,车辆驾乘过程中,操控性和舒适性两者很难兼顾,驾驶及乘坐舒适性较差,汽车的平顺性和稳定性对传统悬架的要求是矛盾的。而线控悬架就是根据路况实际情况自动调节悬架的高度、刚度、阻尼,实现行车姿态精细化控制,自动平衡汽车操控性和舒适性两个指标。

(二)线控悬架系统分类与结构

线控悬架系统一般分为半主动式悬架系统及主动式悬架系统。半主动悬架系统是采用刚度不可调的弹簧和阻尼可调的减振器,一般使用电磁减振器;主动悬架系统是弹簧刚度和减振器阻尼均可调,一般为"空气弹簧+电磁减振器"结构。主动悬架系统因为减振器阻尼和弹簧刚度均可调,可以在汽车驾驶过程中提供更好的操控性和舒适性,会逐渐成为中高端车型主流悬架结构。线控悬架系统一般由传感器、电子控制单元(ECU)、执行器等组成。其结构如图3-18所示。

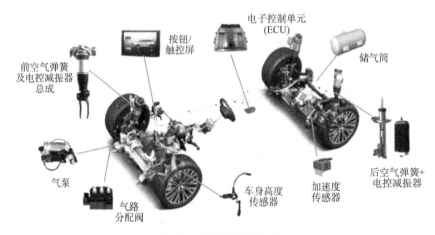

图3-18 线控悬架系统结构

1. 传感器

线控悬架系统中的传感器一般由车身高度传感器和加速度传感器组成。

车身高度传感器的功用是检测汽车行驶时车身高度的变化情况,将悬架变形量的变化转换为电信号并送给电子控制单元(ECU)。车身高度传感器通过监测车身与悬架下臂之间的距离变化,来检测汽车高度和因道路不平而引起的悬架位移量。车身高度传感器常用的有片簧式开关式传感器、霍尔式传感器和光电式传感器三种,其中,片簧式开关式传感器和霍尔式传感器是接触式车身高度传感器,在使用中存在因磨损而影响检测精度的缺点;而光电式传感器是非接触式传感器,不存在上述缺点,因此,现代轿车越来越多地采用了光电式车身高度传感器。车身高度传感器如图 3-19 所示。

为了能使得车辆在任何行驶状态都能获得最佳的减振效果,奥迪 A8 车身安装了三个加速度传感器,其中两个传感器装在前桥减振支柱座上,第三个传感器位于右后车轮罩内(因角度原因,图上未显示)。加速度传感器位置如图 3-20 所示。加速度传感器用于测量车辆的加速度与减速度、车辆转弯时的侧向力,悬架电子控制装置根据加速度传感器输入的信号即可正确判断汽车横向力的大小,从而实现对汽车车身姿势的控制。

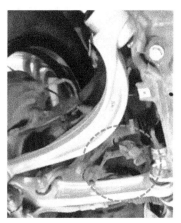

图 3-19　车身高度传感器

图 3-20　奥迪 A8 加速度传感器位置

在实际应用中,加速度传感器通常采用差分电容式传感器。这些传感器可以将加速度变化转化为电信号,并通过控制器进行进一步处理和控制。加速度传感器的精度和响应速度对线控悬架系统的性能有很大影响,因此,需要选择性能优异、可靠性高的传感器。

2. 控制单元

控制单元根据传感器的信号确定车身运动状态,以调整悬架弹簧的刚度及减振器的阻尼参数,奥迪 A8 控制单元 ECU 位置如图 3-21 所示。控制执行器通过驱动空气弹簧的主、辅气室的阀门进行弹簧的刚度调节,控制减振器的回转阀进行阻尼调节,从而使汽车具有良好的乘坐舒适性和操控稳定性。

图 3-21　奥迪 A8 控制单元 ECU 位置

3. 执行器

线控悬架系统主流组合方式一般为"空气弹簧 + CDC 型减振器"。其执行器主要包括空气弹簧和 CDC 型减振器。

(1) 空气弹簧。

空气弹簧利用气体的可压缩性实现其弹簧作用。这种弹簧的刚度可变,因为随着作用在弹簧上的载荷增加,弹簧内的定量气体气压升高,弹簧的刚度增大,因此,空气弹簧具有较理想的弹性特性。

根据压缩空气所用容器不同,空气弹簧可以分为囊式空气弹簧和膜式空气弹簧两类。囊氏空气弹簧由气囊中的封闭压缩气体和夹有帘布线的橡胶气囊组成,其弹性随着节点数的增加而增加,但密闭性会随之变差,多用于商用车上;膜式空气弹簧由橡胶膜片和金属压制件组成,其弹性曲线比较理想,刚度比囊式空气弹簧小,固有频率较低,且尺寸较小,在车上便于布置,所以多用在乘用车上,但膜式空气弹簧使用寿命较囊氏空气弹簧短。

空气弹簧由单腔式向多腔式升级已成为发展趋势。单腔式空气弹簧因为只有一个气室,结构简单,成本较低,目前是车企产品配置的主流方案。在静态载荷状态下,单腔空气弹簧可以通过充放气来调整车身高低,但是充放气过程中弹簧内部受力面积变化不大,所以,弹簧刚度变化不大。而多腔式空气弹簧可通过调节电磁阀改变气体室内部容积,获得不同的刚度。随着豪华品牌车型对性能追求的不断提升,部分高端乘用车已经配备双腔以及三腔空气弹簧。双腔空气弹簧结构如图 3-22 所示。

(2) CDC 型减振器。

线控悬架系统匹配的减振器均为阻尼可调减振器。目前,常见的阻尼可调减振器是

CDC 减振器,CDC 是 Continuous Damping Control 的缩写,意为连续减振控制。CDC 减振器通过改变电流来控制电磁阀开度以提供当前状态的最佳阻尼,根据阀门的位置,减振器中的油液被扩大以实现软阻尼,油液收缩实现硬阻尼。

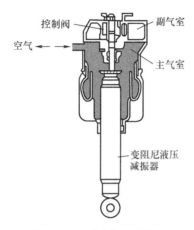

图 3-22　双腔空气弹簧结构

CDC 减振器工作原理如图 3-23 所示。活塞总成在缸套内以速度 V 向下运动。主减振阀下面油腔内的机油压力 F_P 就升高了。电磁线圈这时通上了电,电磁力 F_M 会克服弹簧力 F_F 并使该力增大。当电磁力与机油压力的和 $(F_M + F_P)$ 超过了弹簧力 F_F 时,就会产生一个 F_R 力,这个力会打开主减振阀。电磁力的大小可以根据电流的大小来进行调节。电流越大,液压油的流过阻力和减振阻尼力也就越小。

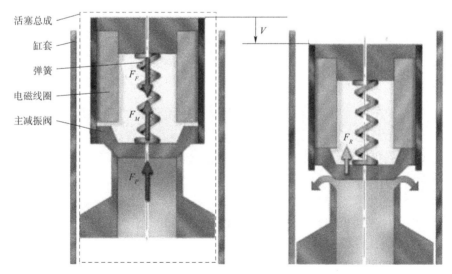

图 3-23　CDC 减振器工作原理

(三) 线控悬架系统工作原理

线控悬架系统工作原理为:传感器将收集到的车身状态信号传给控制单元 ECU,控制单元依据一定的算法发出指令,驱动空气供给单元工作,吸入空气并通过空气滤清器去除杂质并干燥后送入储气罐，通过分配阀输送到各轮边空气弹簧，以调节悬架高度及刚度；改变电磁阀开度，调节线控减振器内油流动速度，以调节悬架阻尼。图 3-24 所示为控制单元 ECU。

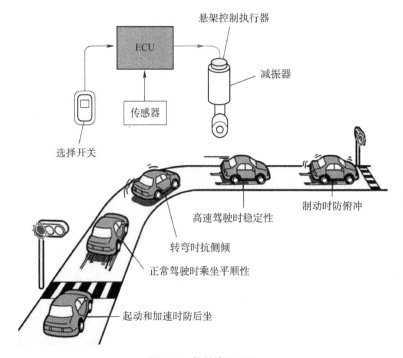

图 3-24　控制单元 ECU

（四）线控悬架系统特点

1. 优点

线控悬架可以在不同工况下具有不同的弹簧刚度和减振器阻尼力，既能满足平顺性的要求又满足操纵稳定性的要求，主要优点如下。

（1）刚度可调：可改善汽车转弯时出现的侧倾以及制动和加速等引起的车身点头和后坐等问题。

（2）维持高度：汽车载荷变化时，能自动维持车身高度不变。

（3）有效避障：碰到障碍物时，能瞬时提高底盘和车轮、越过障碍，使汽车的通过性得到提高。

（4）抑制制动点头：可抑制制动时的点头，充分利用车轮与地面的附着条件，加速制动过程，缩短制动距离。

（5）增强抗侧滑能力：使车轮与地面保持良好的接触，提高车轮与地面的附着力，增加汽车抵抗侧滑的能力。

2. 缺点

线控悬架也存在一定缺点，具体如下：

(1)安装调试相对复杂,维修困难,对维修人员要求高,需专业技术人员,一般维修店可能无法胜任;

(2)电子系统容易出问题,容易受电磁干扰,软件出现漏洞或死机,会导致悬架系统工作不稳定或者失效;

(3)机械部件存在隐患,线控悬架执行器频繁工作易磨损,恶劣路况下磨损会更严重,如空气弹簧密封、液压管路连接处可能老化损坏,影响悬架性能且维修麻烦;

(4)控制算法相对复杂,复杂路况下可能响应不及时或不准确,故障排查难度大,故障可能会导致系统瘫痪。

> **拓展阅读**

奔驰魔术车身控制系统

奔驰魔术车身控制(Magic Body Control,MBC)系统是奔驰汽车的一项黑科技。它就像是给汽车施了魔法一样,能让车辆在行驶过程中如履平地,极大地提升了驾乘的舒适性和稳定性。简单来说,它可以让你感觉不到路面的颠簸和起伏,仿佛坐在魔毯上飞行。

奔驰MBC系统于2013年伴随奔驰W222代S级车型一同亮相,一出现就惊艳了整个汽车界。之后,奔驰不断对这项技术进行优化和升级,让它的性能越来越强大。比如,早期系统的扫描距离有限,现在已经可以扫描到更远的路面信息,并且对路况的判断也更加精准,反应速度更快。

奔驰MBC系统的工作原理是:首先,通过安装在风窗玻璃后视镜附近的两个立体摄像头扫描车前15m范围的路况,能在特定车速下工作,实时捕捉前方路面的起伏、坑洼等地形变化;然后,摄像头将采集到的路面信息数据传输给车辆控制单元,控制单元根据这些数据计算出四个车轮到达不同地形的时间差,并结合车辆当前行驶状态确定每个车轮悬架所需的调整参数,生成调整指令;最后,系统通过一系列执行机构,如液压泵、电磁阀等,对悬架进行调整,即当检测到前方有坑洼时,会提前降低相关车轮悬架的高度,增加阻尼,使车轮更好地贴合路面,减少车身的颠簸,而在车辆过弯时,调整悬架一侧的参数,以更好地抵消车辆在弯道行驶时产生的侧向力,减少车身侧倾,同样颠簸所带来的振动会经过车轮、液压挺柱和车身三部分,在这个过程中振幅会逐级进行递减,最终使车身始终保持水平且平稳的状态,悬架和车轮则负责颠簸的过滤。

奔驰S级是MBC系统的主要应用车型之一。它为乘客提供了顶级的舒适体验,让乘客在长途旅行中也能感受到如坐在家中沙发上一样的舒适。奔驰迈巴赫GLS600这款豪华SUV也配备了奔驰升级版的MBC系统,不仅拥有强大的越野性能,还能在各种路况下保持平稳的行驶姿态,为乘客营造出极致的豪华驾乘感受。对于追求高性能的驾驶者来说,奔驰S级AMG车型不仅具备强大的动力,还搭载了MBC系统,在保证高性能的同时,通过视频影像与自适应悬架系统,根据路面情况提供更为准确的信息,针对性地对悬架进行调整,让驾驶人在激烈驾驶时也能感受到出色的操控性和稳定性。

技能实训

一、行驶系统关键部件装配与检查

(一)车轮拆装与动平衡检查

1. 准备工作

1)任务要求

(1)熟练掌握车轮的结构及组成;

(2)熟练掌握轮胎的结构及组成;

(3)能够查阅装配资料,按照规范流程、标准力矩进行车轮拆装与动平衡检查。

2)组织方式

(1)学生自主查阅学习资料,熟悉车轮和轮胎的结构、车轮拆装和动平衡检查流程,将流程及注意事项记录下来;

(2)以小组为单位,结合学习资料讨论车轮拆装与动平衡检查流程,统一意见,最终制订1套车轮的拆装与动平衡检查标准流程;

(3)在教师的引导下,以小组为单位准备工具,完成实操任务,每组3~6人,其中,1人担任组长,1~2人担任操作员,1人担任记录员,1人担任安全员,1人担任质检员,如人员较少,部分职责可兼任;

(4)修正车轮拆装和动平衡检查流程,分组展示。

3)实施准备

(1)安全要求及注意事项。学员进入实训区务必穿工服,严格遵守实训区安全作业规程,严禁非专业人员或无实训教师在场的情况下私自操纵举升机、带电设备。

(2)场地设施。满足理论及实践教学的工学一体化教学及实训场地。

(3)工具设备或耗材。汽车车轮拆装与动平衡技能实训的工具设备或耗材见表3-3。

车轮拆装与动平衡技能实训的工具设备或耗材　　　　表3-3

名称及数量	对应图片
北汽新能源EU5实训轿车1辆	

续上表

名称及数量	对应图片
举升机 1 台	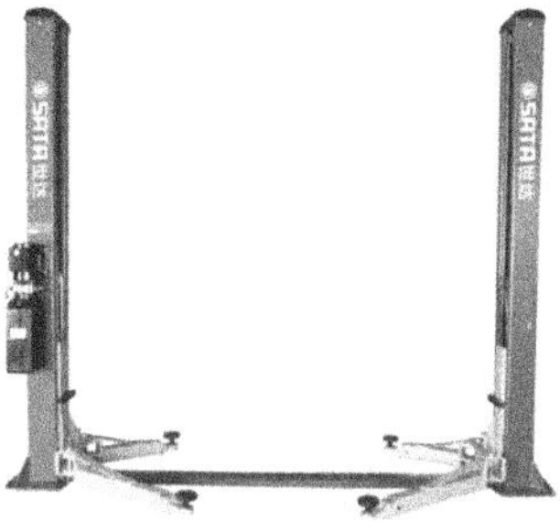
轮胎动平衡机一台	
工具箱 1 套	
大号、中号、小号扭力扳手各 1 把	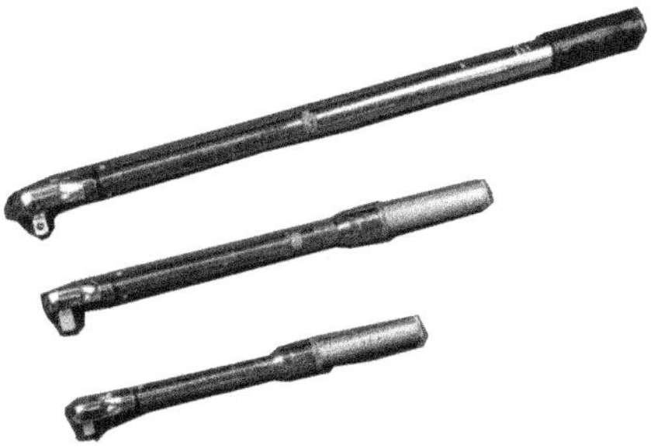

2. 实施步骤

车轮拆装与动平衡技能实训的实施步骤见表3-4。

车轮拆装与动平衡技能实训的实施步骤 表3-4

操作步骤	参考图片
1) 举升车辆至车辆稍稍抬起 (1) 将汽车开至举升区内,注意车与两举升柱距离尽量相等; (2) 调整好举升臂和举升垫块,使举升垫块放到车辆举升点下方,举升车辆至稍稍抬起	
2) 旋松固定螺母 (1) 按数字顺序交叉(对角)旋松固定螺母,即箭头1、箭头3、箭头5、箭头2、箭头4; (2) 螺母(箭头1至箭头5)拧紧力矩:100~120N·m; (3) 螺母(箭头1至箭头5)使用工具:21mm 6角套筒	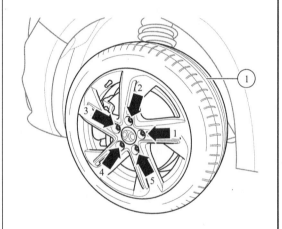
3) 举升车辆 (1) 车辆稍微举起一定高度,当车轮离地10cm左右时停止; (2) 离地时检查,分别去车头、车尾用双手按下,看车辆举升是否平稳,如果不平稳就重新将车辆降下来调整举升垫块,再次确认车辆周围无障碍物之后举升; (3) 车辆举升至低位或中位,并锁止举升机	

续上表

操作步骤	参考图片
4)旋出固定螺母 旋出固定螺母,即箭头1、箭头2、箭头3、箭头4、箭头5,取下左侧前车轮①	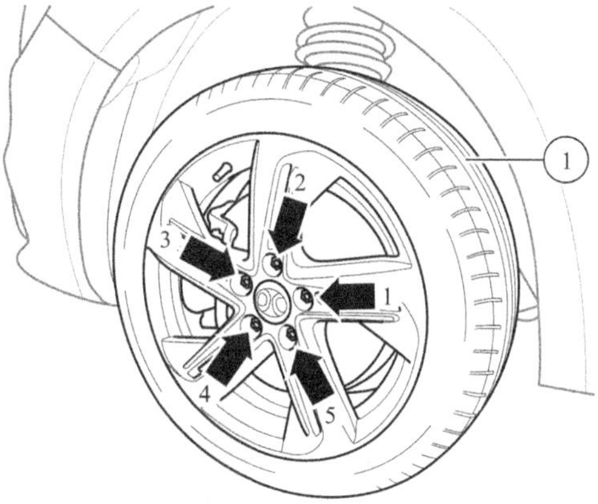
5)安装车轮至动平衡机 (1)将装饰盖从轮辋内侧拆下需清除轮胎纹内的杂物,以保证车轮动平衡效果; (2)将左侧前车轮安装至动平衡机上,用合适的锥体和卡具把轮胎可靠地固定在凸缘盘上	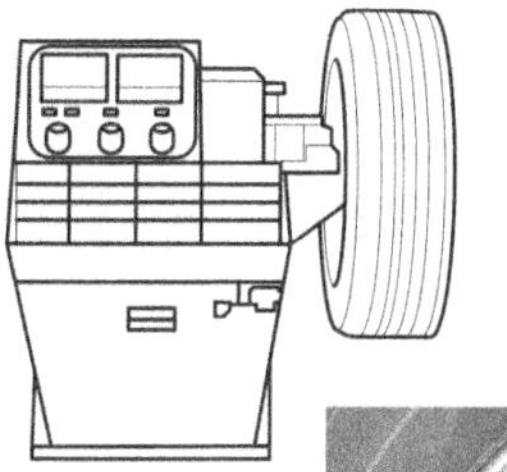 
6)设置参数,启动平衡机 (1)测量轮辋间距、轮辋宽度,测量轮辋直径,并输入数值; (2)放下车轮轮胎护罩,按下运行键,进行动平衡测量	

续上表

操作步骤	参考图片
7)安装平衡块 (1)如果车轮动平衡测试结果不符合规定值,需在①和②位置安装平衡块,直到车轮动平衡数据符合规定值; (2)安装平衡块时,请谨慎使用工具,应避免损坏轮辋,并将轮辋表面擦拭干净,不能有污物; (3)使用过的平衡块不允许重复使用; (4)进行动平衡实验,直到车轮两边动不平衡量小于5g,轮胎平衡机上显示动平衡合格为止	
8)安装车轮 (1)安装左侧前车轮①,按数字顺序交叉预紧固定螺母,即箭头1、箭头3、箭头5、箭头2、箭头4; (2)降下车辆,旋紧固定螺母,即箭头1、箭头3、箭头5、箭头2、箭头4;螺母拧紧力矩:100~120N·m; 使用工具:21mm 6角套筒	

(二)前减振器拆装

1. 准备工作

1)任务要求

(1)熟悉减振器在汽车中的位置,理解其作用;

(2)熟练拆装减振器;

(3)能够查阅装配资料,按照规范流程、标准力矩拆装减振器。

2)组织方式

(1)学生自主查阅学习资料,熟悉减振器在汽车中的位置,深入理解其作用,将拆装流程及注意事项记录下来;

(2)以小组为单位,结合学习资料讨论减振器拆装的流程,统一意见,最终制订1套减振器拆装标准流程;

(3)在教师的引导下,以小组为单位准备工具,完成实操任务,每组3~6人,其中,1人担任组长,1~2人担任操作员,1人担任记录员,1人担任安全员,1人担任质检员,如人员较少,部分职责可兼任;

(4)补充减振器拆装的流程、注意事项,分组展示。

3)实施准备

(1)安全要求及注意事项。学员进入实训区务必穿工服,严格遵守实训区安全作业规程,严禁非专业人员或无实训教师在场的情况下私自操纵举升机、带电设备。

(2)场地设施。满足理论及实践教学的工学一体化教学及实训场地。

(3)工具设备或耗材。汽车减振器拆装技能实训的工具设备或耗材见表3-5。

汽车减振器拆装技能实训的工具设备或耗材　　　　表3-5

名称及数量	对应图片
北汽新能源 EU5 实训轿车 1 辆	
举升机 1 台	
工具箱 1 套	
大号、中号、小号扭力扳手各 1 把	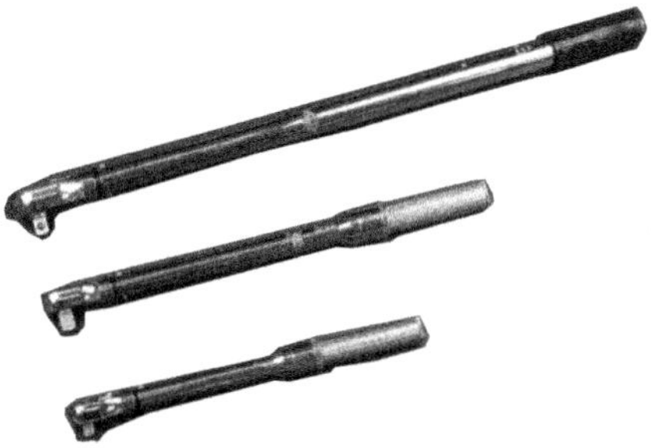

2. 实施步骤

汽车减振器拆装技能实训的实施步骤见表3-6。

汽车减振器拆装技能实训的实施步骤 表3-6

操作步骤	参考图片
1）拆卸车轮 （1）按数字顺序交叉旋松固定螺母，即箭头1、箭头3、箭头5、箭头2、箭头4； （2）举升车辆，拆卸车轮总成	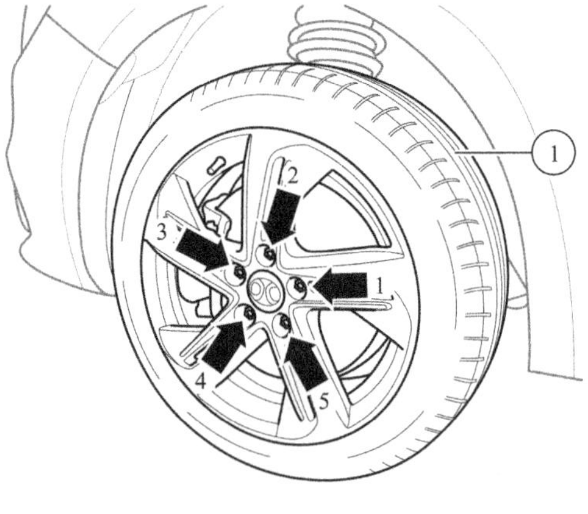
2）脱开连接附件 （1）从箭头A位置脱开左侧前轮速传感器总成③与左侧前减振器总成①的连接； （2）旋出固定螺栓（箭头B），脱开左侧前制动软管②与左侧前减振器总成①的连接； 使用工具：10mm 6角套筒	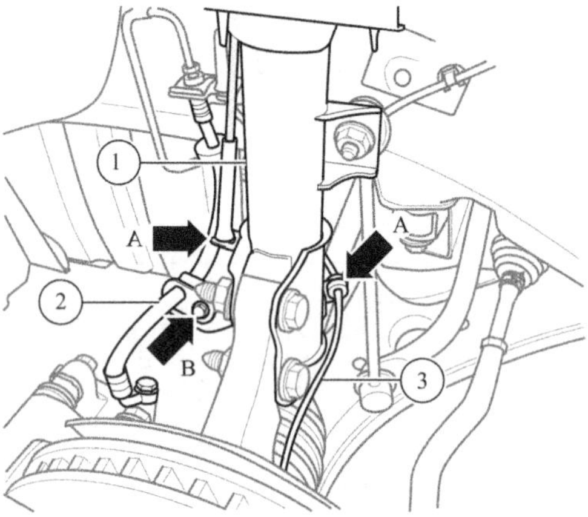
3）拆卸下端螺母螺栓 （1）旋出固定螺母（箭头A），脱开前稳定杆左侧连杆②与左侧前减振器总成①的连接； 使用工具：18mm 两用扳手 （2）旋出固定螺栓（箭头B），脱开左侧前转向节总成③与左侧前减振器总成①的连接； 使用工具：19mm 6角套筒	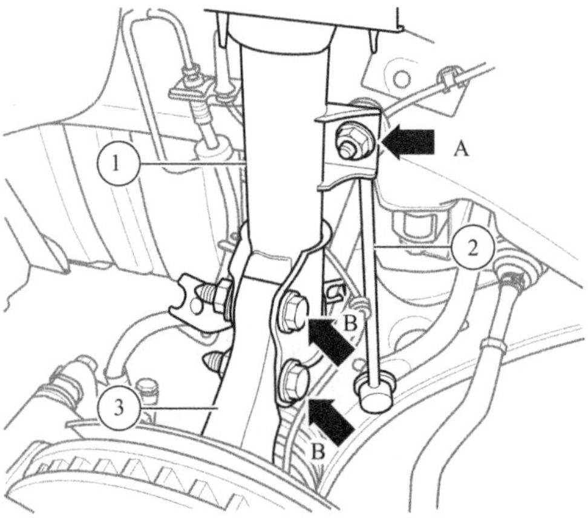

续上表

操作步骤	参考图片
4）拆卸上端螺母 （1）降低车辆； （2）旋出左侧前减振器总成①上端与车身固定螺母（箭头所指）； 使用工具：15mm 6 角套筒； （3）从轮罩挡泥板位置取出左侧前减振器总成①	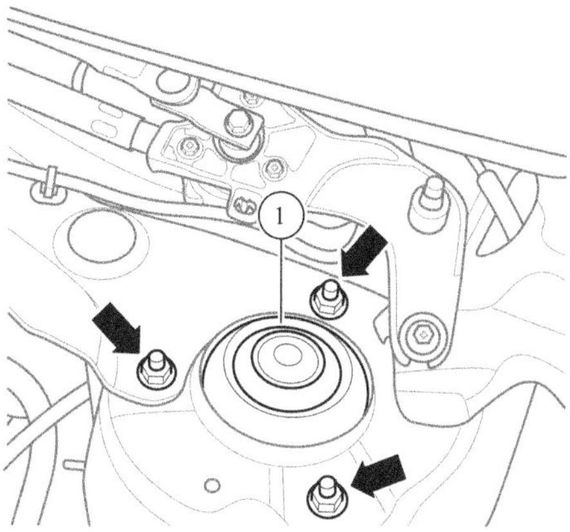
5）安装 安装以倒序进行，同时注意下列事项： （1）安装左侧前减振器总成①时，此螺栓（箭头所指）安装于车身内侧孔； （2）安装完成后需进行四轮定位	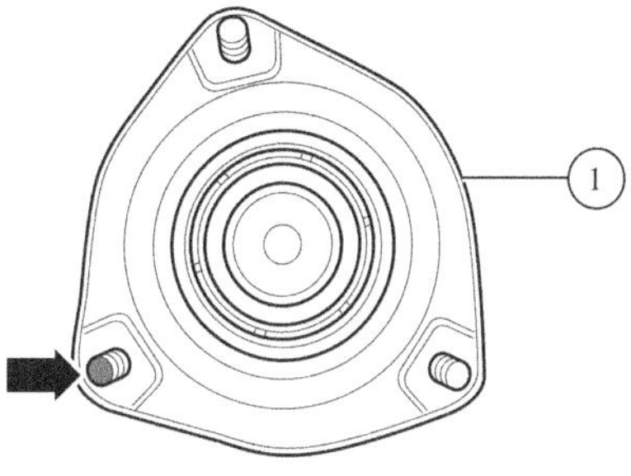

（三）线控悬架系统（空气悬架）拆卸

1. 准备工作

1）任务要求

（1）熟悉线控悬架系统的组成及结构。

（2）能够熟练阐述线控悬架系统各组成零部件的安装位置和功用。

（3）能够熟练完成线控悬架中空气弹簧的拆卸。

2）组织方式

（1）学生自主查阅学习资料，熟悉线控悬架系统组成、结构、拆卸流程；

（2）以小组为单位，结合学习资料讨论悬架系统拆装流程及注意，统一意见，最终制订 1 套空气悬架拆卸标准流程；

（3）在教师的引导下，以小组为单位准备工具，完成实操任务，每组 3~6 人，其中 1 人担任组长，1~2 人担任操作员，1 人担任记录员，1 人担任安全员，1 人担任质检员，如人员较少，部分职责可兼任；

（4）修正空气悬架拆卸流程，分组展示。

3）实施准备

（1）安全要求及注意事项。学员进入实训区务必穿工服，严格遵守实训区安全作业规程,严禁非专业人员或无实训教师在场的情况下私自操纵举升机、带电设备。

（2）场地设施。满足理论及实践教学的工学一体化教学及实训场地。

（3）工具设备或耗材。汽车线控悬架系统中空气悬架拆卸技能实训的工具设备或耗材见表3-7。

汽车线控悬架系统中空气悬架拆卸技能实训的工具设备或耗材　　　表3-7

名称及数量	对应图片
奥迪Q7实训轿车1辆	
举升机1台	
工具箱1套	
大号、中号、小号扭力扳手各1把	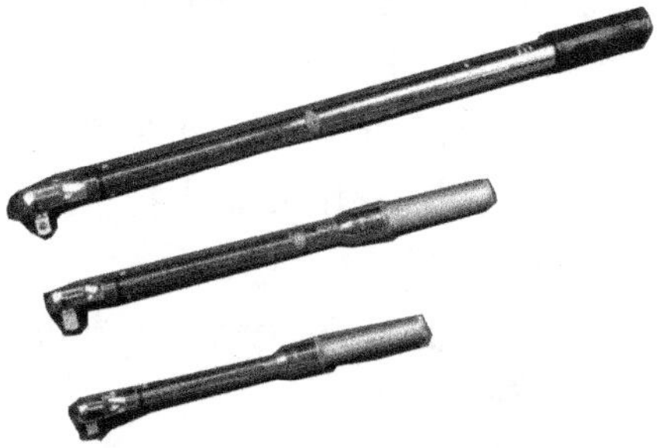

续上表

名称及数量	对应图片
弹簧拉紧器(VW552)1个	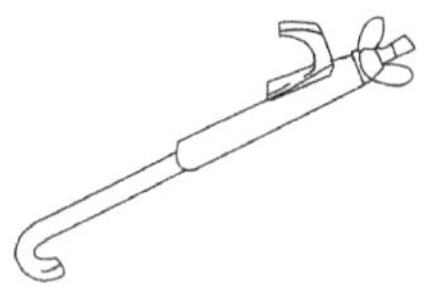
发动机和变速器举升装置(V.A.G 1383A)1台	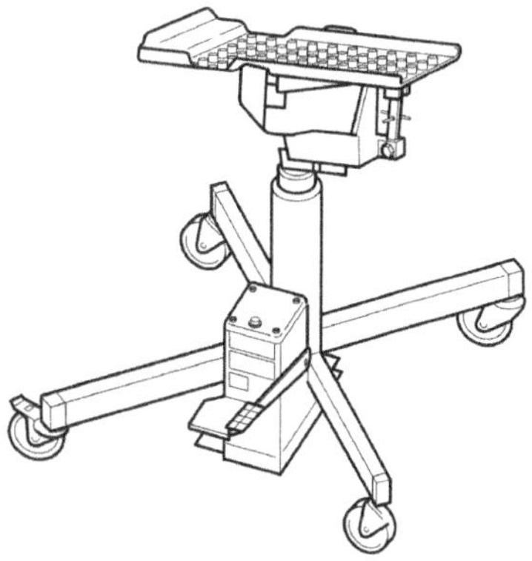
标称宽度12mm、14mm的工具头(T10099)各1个	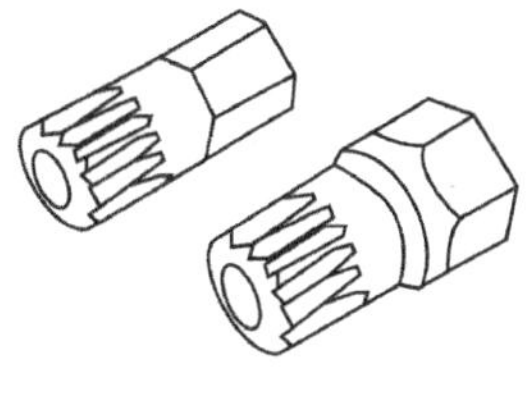
定位件(T10149)1个	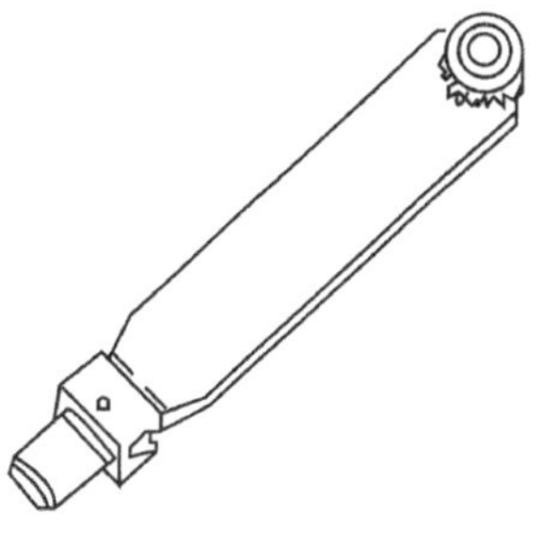

2. 实施步骤

汽车线控悬架系统中空气悬架拆卸技能实训的实施步骤见表3-8。

汽车线控悬架系统中空气悬架拆卸技能实训的实施步骤　　表 3-8

操作步骤	参考图片
1）拆卸车轮 （1）将汽车放到升降器上； （2）用 VAS5051A 排出系统中的气体； （3）拆下车轮装饰罩，拆下车轮	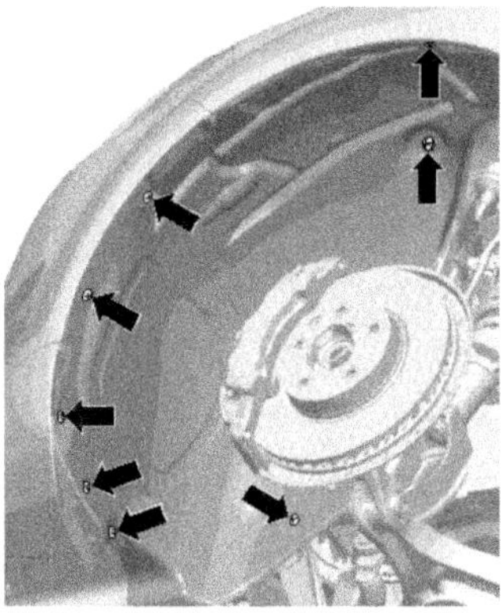
2）脱开空气管路 （1）清洁空气接头区域，旋出余压保持阀②上的连接件①，然后将减振器支柱上的空气管脱开； （2）堵住两个接口，注意不允许有污物颗粒进入接口中	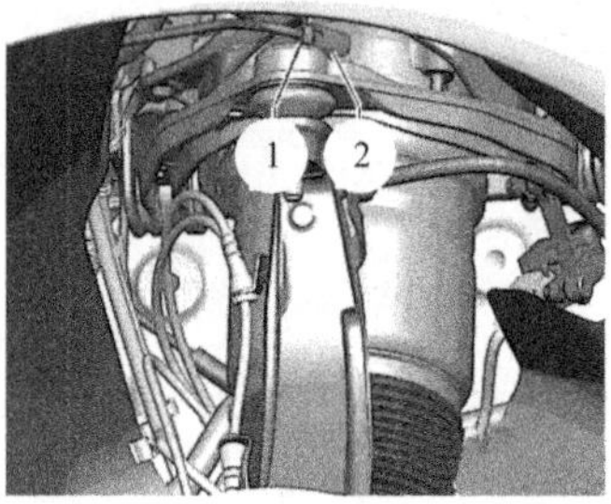
3）断开线束 （1）拧下螺母②； （2）拔下插头③	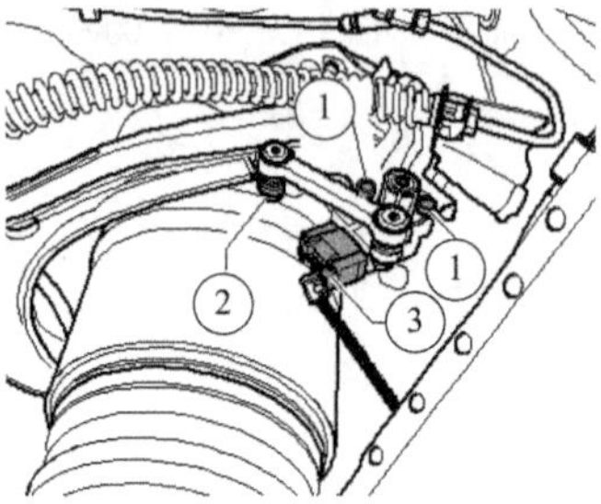
4）脱开电线 将插头②从左前减振调节阀①上拔出，并脱开电线	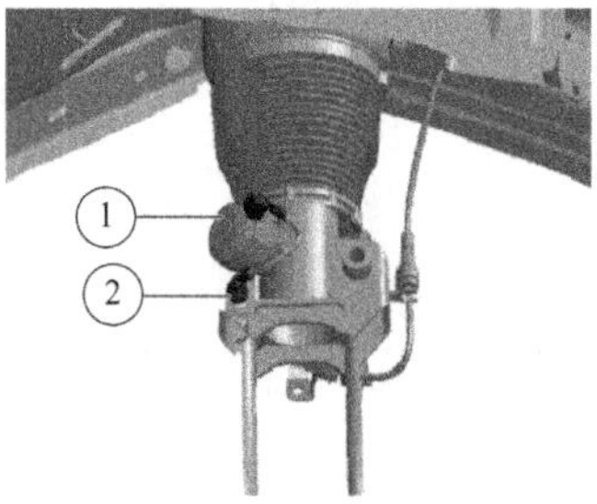

续上表

操作步骤	参考图片
5）拧下摆动半轴 （1）从主减速器上拧下摆动半轴，使用标称宽度12mm的工具头（T10099）或标称宽度14mm的工具头（T10099）①松开螺栓③； （2）脱开螺栓连接②	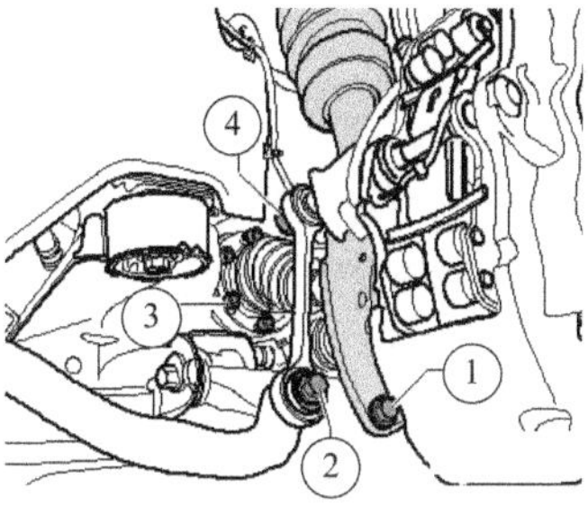
6）挂上弹簧拉紧器 将弹簧拉紧器（VW552）挂到轮罩的上部开口（箭头A）中和上悬架臂（箭头B）上	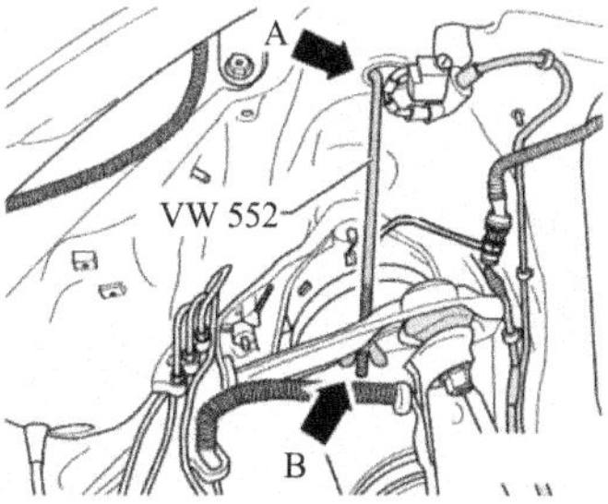
7）拧下螺栓①至螺栓③	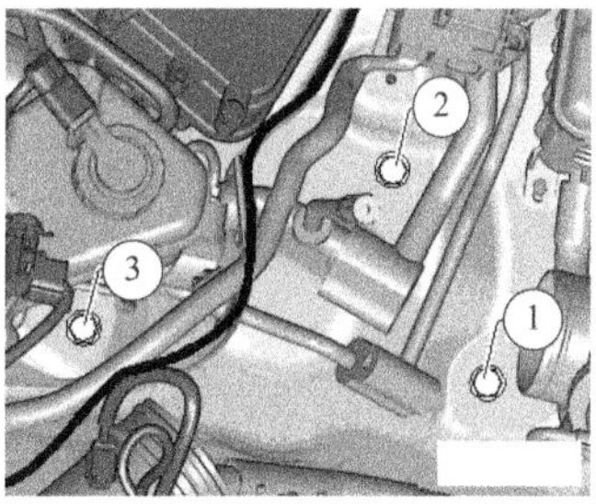
8）定位固定车轮 （1）转动轮毂，直至一个车轮螺栓孔位于上方； （2）用车轮螺栓将定位件（T10149）安装到轮毂上； （3）通过定位件（T10149）与发动机和变速器举升装置支撑住车轮轴承壳体	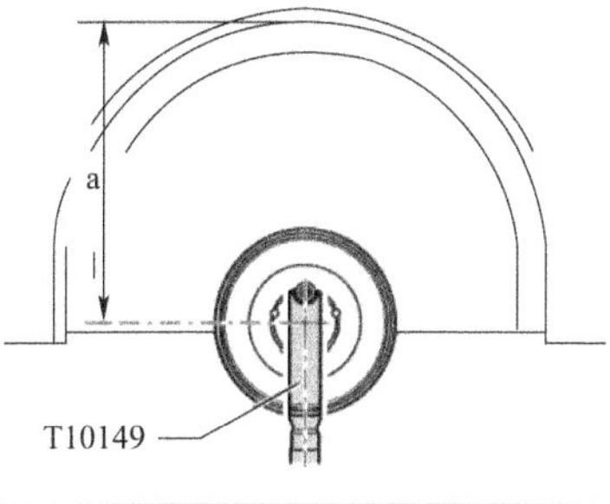
9）拆下弹簧拉紧器 拆下弹簧拉紧器（VW552）	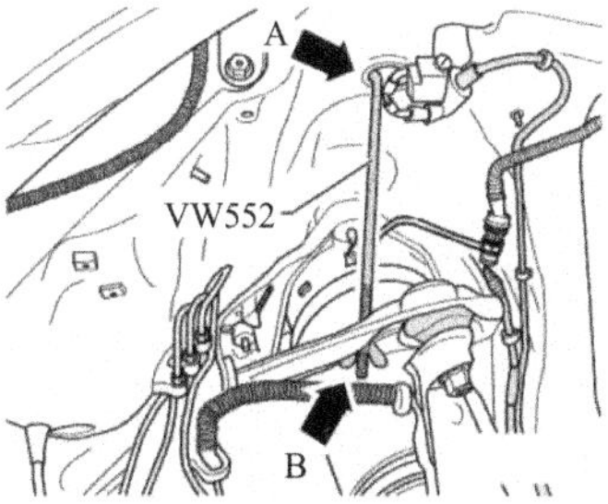

续上表

操作步骤	参考图片
10）压出上悬架臂 拧下上悬架臂的螺母5，然后压出上悬架臂	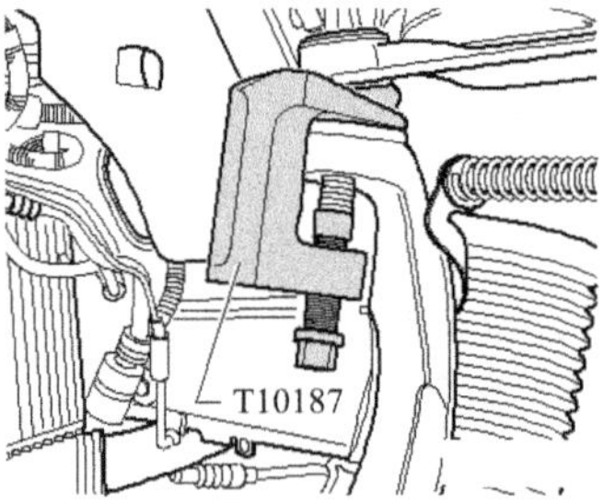
11）顶出转向横拉杆 拧下转向横拉杆头的螺母6，然后将转向横拉杆头从车轮轴承壳体上顶出	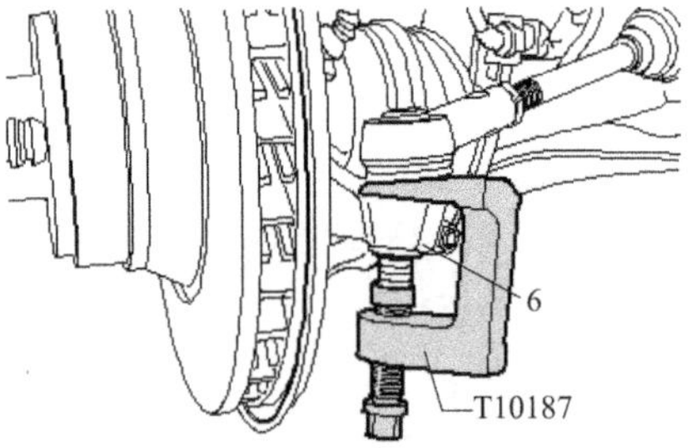
12）拧下固定螺栓上的螺母 拧下把减振器固定到下悬架臂的螺栓连接①的螺母	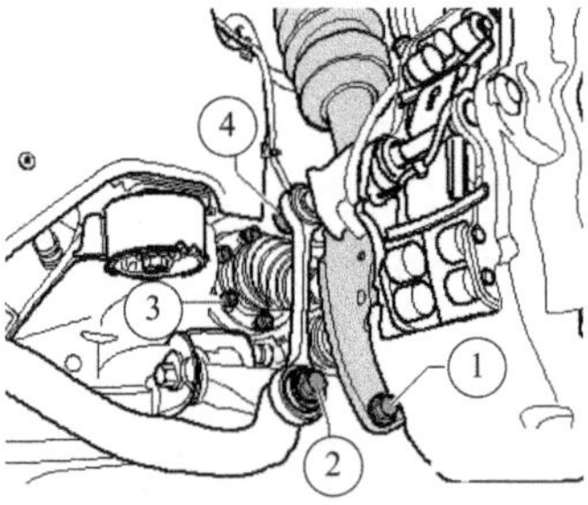
13）调整车轮高度 通过定位件（T10149）与发动机和变速器举升装置（V.A.G1383A）降低车轮轴承壳体，不要超过需要	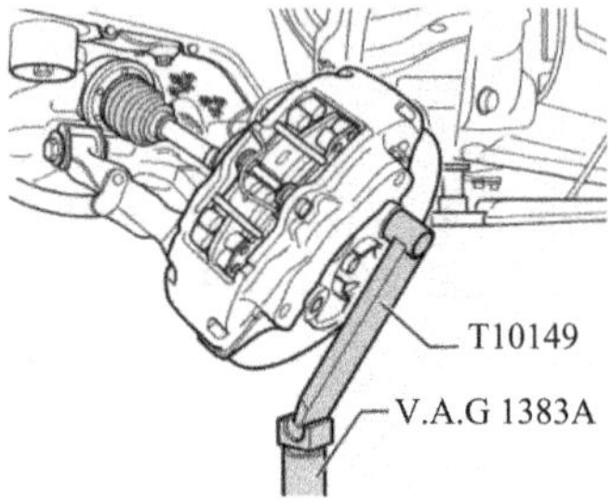
14）取出减振器支柱 将螺栓①从下悬架臂中拉出，然后取出减振器支柱	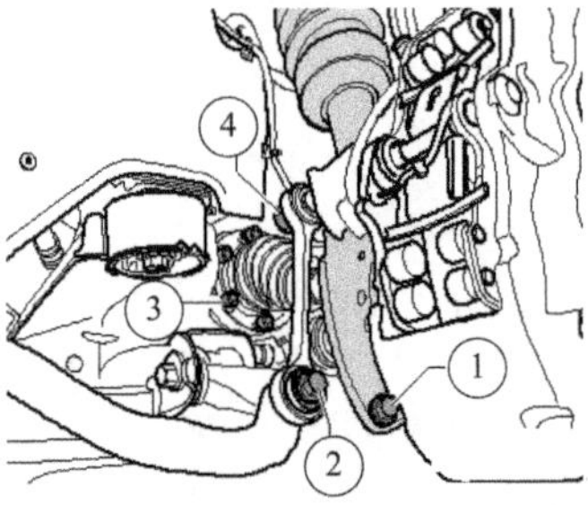

二、技能考核标准

技能考核标准见表3-9。

技能考核标准　　　　　表3-9

序号	项目	评价内容	评价分值	学生自评	学生互评	教师评价
1	时间要求	能按照规定时间完成任务	5			
2	质量要求	工作计划制订合理	15			
3		认真查阅资料，按流程操作	15			
4		力矩规格、参数输入准确	15			
5		车辆及系统运行可靠	10			
6		能进一步完善工作计划	5			
7	安全意识	穿工服、绝缘鞋、戴安全帽、绝缘手套、护目镜等防护用品	5			
8		注重车辆防护	5			
9		杜绝安全隐患	10			
10	环保意识	工具、废弃物及时处理	5			
11		注重环境卫生保持与清洁	5			
12	职业精神	一丝不苟、追求卓越	5			
		合计	100			

思考与练习

一、判断题

1. 线控悬架系统主流组合方式一般为"空气弹簧+CDC型减振器"。（　）
2. 主动悬架因为阻尼和刚度均可调，可以在汽车驾驶过程中提供更好的操控性和舒适性，会逐渐成为中高端车型主流悬架。（　）
3. 线控悬架系统与传统悬架系统的最大差异在于弹簧及减振元件的升级，并且线控悬架系统新增电子控制及气泵等电动化部件，能够实现纵垂协同控制，赋予悬架智能主动调节功能。（　）
4. 普通斜交胎的帘布层数越多，轮胎强度越大，但弹性越差。（　）
5. 子午线轮胎帘布层帘线的排列方向与轮胎的子午断面一致，使其强度提高，但轮胎的弹性有所下降。（　）
6. 车轮不平衡可能引起汽车行驶时过分地振动。（　）
7. 在悬架所受的垂直载荷一定时，悬架刚度越小，则悬架的垂直变速越小。（　）
8. 车身高度传感器的功用是检测汽车行驶时车身高度的变化情况，将悬架变形量的变化转换为电信号并送给电子控制单元。（　）

9.帘布层由橡胶、纤维或钢丝制作而成,用于形成轮胎的骨架,呈反射网状结构,能够贴合轮胎的轮廓,保持气压,提高轮胎的抗冲击力。( )

10.轮胎高宽比也被称为轮胎扁平率,以百分比表示,其数字越大,轮胎越扁平。扁平比数值越小,轮胎的操控性能越好,舒适性会下降。( )

二、选择题

1.( )本身的刚度是可变的。
　　A.钢板弹簧　　　B.油气弹簧　　　C.扭杆弹簧　　　D.气体弹簧

2.悬架电子控制装置根据( )输入的信号即可正确判断汽车横向力的大小,从而实现对汽车车身姿态的控制。
　　A.车身高度传感器　B.加速度传感器　C.轮速传感器　　D.胎压传感器

3.CDC减振器通过改变( )电流来控制电磁阀的开度来提供当前状态最佳阻尼,根据阀门的位置,减振器中的油液被扩大以实现软阻尼,油液收缩实现硬阻尼。
　　A.电流　　　　　B.电容　　　　　C.电压　　　　　D.电阻

4.弹性系统受到冲击时会产生振动,持续的振动容易使乘员感到不舒适或疲劳,为了尽快使弹性系统的振动迅速衰减,悬架系统还需安装有( )。
　　A.减振器　　　　B.稳定杆　　　　C.扭杆弹簧　　　D.气体弹簧

5.半主动悬架是采用( )的弹簧和阻尼可调的减振器。
　　A.刚度可调　　　B.刚度可变　　　C.刚度不可调　　D.以上都不是

6.汽车使用的弹簧种类有( )。
　　A.钢板弹簧　　　B.扭杆弹簧　　　C.螺旋弹簧　　　D.以上各项都是

7.悬架弹性元件起( )作用。
　　A.减振　　　　　B.导向　　　　　C.散热　　　　　D.缓冲

8.轮胎上采用各种花纹的目的是( )。
　　A.美观　　　　　　　　　　　　　B.散热性能好
　　C.增强附着能力　　　　　　　　　D.提高汽车的通过能力

9.5-20型轮辋是属于( )轮辋。
　　A.一件式　　　　B.多件式　　　　C.A、B均有可能　D.无法确定

10.通过( )监测车身与悬架下臂之间的距离变化,来检测汽车高度和因道路不平而引起的悬架位移量。
　　A.车身高度传感器　　　　　　　　B.加速度传感器
　　C.轮速传感器　　　　　　　　　　D.胎压传感器

模块四

智能汽车转向系统装配与检查

学习目标

❖ 知识目标
1. 了解转向系统类型、结构特点；
2. 熟悉液压助力转向系统、电动助力转向系统结构、分类、组成和原理；
3. 熟悉线控转向系统结构、原理、应用及特点。

❖ 技能目标
1. 能够在实车上装配液压助力转向系统、电动助力转向系统主要部件；
2. 能够按规范检查转向系统主要部件装配情况，检查线控转向系统线路问题。

❖ 素养目标
1. 养成良好的学习习惯，提升自主学习能力；
2. 具有团队合作意识和良好的语言表达能力。

建议课时

6 课时

一 液压助力转向系统

(一) 什么是转向系统

汽车在行驶过程中,通过汽车转向来实现驾驶人经常改变其行驶方向的意志。就轮式汽车而言,一般驾驶人可通过一套机构,使汽车转向轮(一般为前轮)相对于某一轴线旋转一定角度,从而带动汽车纵轴线偏转一定角度,以实现汽车转向。在汽车正常直线行驶时,由于路面的不平坦,往往转向轮因受到冲击,偏转角度会发生变化,从而改变汽车的行驶方向,这时,驾驶人可以通过这套机构纠正汽车的行驶轨迹,使转向轮朝向相反方向偏转。这套用来改变汽车行驶方向、保持汽车按既定轨迹行驶的机构,即称为汽车转向系统。因此,汽车转向系的功用是保证汽车按驾驶人的意志保持行驶路线或进行转向。

通常,驾驶人通过转向盘控制汽车行驶方向,转向盘的力矩通过转向操纵机构、转向器、转向传动机构传递给转向轮,并依靠自身机械结构及外部助力装置放大力矩,使驾驶人实现转向操作更加轻便。汽车转向系统基本结构如图 4-1 所示。

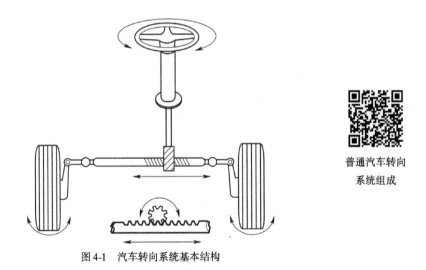

普通汽车转向系统组成

图 4-1 汽车转向系统基本结构

(二) 转向系统类型

按照汽车转向系统发展进程,转向系统可分为机械转向系统和动力转向系统。目前,完全机械转向系统已经退出历史舞台,几乎所有汽车转向系统均配备了动力转向装置。

1. 机械转向系统

机械转向系统包括转向操纵机构、转向器、转向传动机构三大部分。转向操纵机构由转向盘、转向轴、转向柱等组成;转向器分为齿轮齿条转向器、蜗杆曲柄指销转向器、循环球式转向器三种类型,不同类型转向器结构组成也不同;转向传动机构根据转向器类型不同,组成也不同,一般由转向直拉杆、转向横拉杆、转向节臂等组成。机械转向系统如图 4-2 所示。

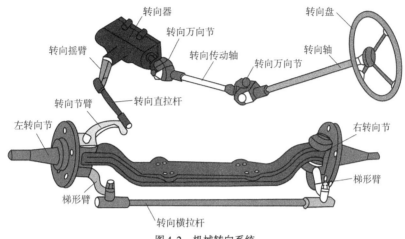

图 4-2 机械转向系统

转向操纵机构的作用是将驾驶人施加的转向力矩传递给转向器,转向器将转向盘的转动变为转向摇臂的摆动或齿条轴的直线往复运动,并对转向操纵力矩进行放大。转向器一般固定在汽车车架或车身上,力矩的方向和传递行驶在通过转向器后一般还会发生改变;转向传动机构能够将转向器输出的力矩和运动传递给车轮转向节,并使左、右车轮按一定规律进行偏转。

转向盘俗称方向盘,是汽车操纵行驶方向的轮状装置(图 4-3)。主要由骨架、发泡和主驾驶气囊 DAB 对应的安装卡扣或螺钉孔等构成。转向盘的功能是将驾驶人作用到转向盘边缘上的力转变为转矩后传递给转向轴,转向轴是连接转向盘和转向器的传动件,转向柱管固定在车身上,转向轴从转向柱管中穿过,受柱管内的轴承和衬套支承。汽车转向柱管还装备有能够缓和冲击的吸能装置,目的是在事故发生时将转向盘对驾驶人的伤害程度降到最低。转向轴和转向柱管吸能装置的基本工作原理是:当转向轴受到巨大冲击而产生轴向位移时,通过转向柱管或支架产生塑性变形、转向轴错位、溃退等方式,吸收冲击能量。转向轴与转向器之间一般通过万向传动装置连接,传递驾驶人施加的转向力矩。

a) 普通转向盘

b) 轭型转向盘

图 4-3 不同类型转向盘

齿轮齿条式转向器主要由小齿轮、齿条、调节螺钉、壳体和齿条导向块等组成,如图4-4所示。转向机的小齿轮与转向轴下端的转向齿条啮合,调整螺钉用于调整齿轮和齿条的啮合间隙,当转向盘转动时,带动转向器中小齿轮转动,小齿轮带动转向器中齿条水平移动,转向齿条将放大后的力传递给转向拉杆。

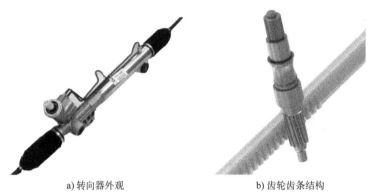

a) 转向器外观　　　　　　　　b) 齿轮齿条结构

图4-4　齿轮齿条转向器

齿轮齿条式转向器有以下优点。

(1) 结构简单轻便。齿轮齿条式转向器齿轮箱较小,齿条直接与小齿轮啮合,不需要占用太多空间,结构简单紧凑。其外壳多采用铝合金或镁合金压铸而成,转向器质量相对较小。

(2) 转向灵敏度高。齿轮齿条转向器采用齿轮齿条传动,传动效率高,因结构简单,转向灵敏度高。

(3) 转向阻力小。齿轮齿条转向器转向阻力小,能减轻驾驶人施加给转向盘的力矩。

(4) 装配密封无须维护。齿条因磨损产生间隙后,安装在齿条背面靠近主动小齿轮处的压紧力可调的弹簧可以自动消除齿间间隙,无须定期维护。

蜗杆曲柄指销式转向器由转向器壳体、转向蜗杆、转向摇臂曲柄、指销、侧盖等组成,如图4-5所示。转向器壳体固定在车身(车架)的转向器支架上。壳体内装有传动副,其主动件是转向蜗杆,从动件是装在摇臂曲柄端部的指销。转向时,转向轴带动蜗杆转动,嵌于蜗杆螺纹槽中的锥形指销将跟随螺纹围绕摇臂轴中心做弧线移动,带动曲柄和转向垂臂摆动。这种转向器通常用于载货汽车上。

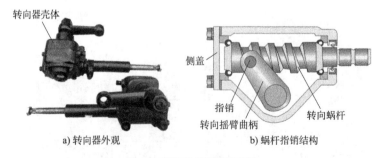

a) 转向器外观　　　　　　　　b) 蜗杆指销结构

图4-5　蜗杆曲柄指销转向器

循环球式转向器组成部件主要有螺杆、螺母、转向器壳体以及小钢球(循环球)等,如图4-6所示。小钢球被放置于螺母与螺杆之间的密闭管路内,可以将螺母螺杆之间的滑动摩擦转变为阻力较小的滚动摩擦,使转向器转动轻便,当转向轴带动螺杆转动时,螺杆推动螺母沿着输入轴方向移动,螺母再通过侧面齿条驱动赤扇围绕摇臂轴摇动,从而带动转向拉杆移动,实现转向。因为依靠很多小钢球减小摩擦传递动力,所以,这种转向器就被称为循环球式转向器。

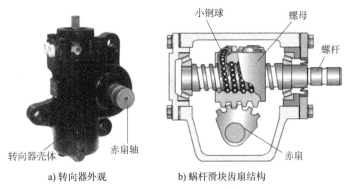

图 4-6 循环球式转向器

2. 动力转向系统

动力转向系统是由机械转向系统发展而来的,在原机械转向装置基础上增加一套动力装置,便形成了动力转向系统。这套动力转向装置如果靠液压缸驱动,那么该系统就是液压助力转向系统;如果靠电机驱动,那么该系统就是电动助力转向系统。液压助力转向系统根据原始动力的来源又分为机械助力转向系统、电子液压助力转向系统。

液压助力转向系统是以驾驶人的体力作为转向初始能源,由发动机驱动转向油泵提供液压转向助力,实现转向轻便,如图 4-7 所示。

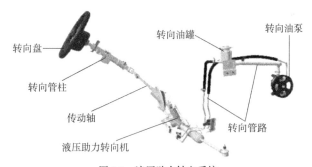

图 4-7 液压助力转向系统

电子液压助力转向系统的转向油泵不再由发动机直接驱动,是由电动机驱动,并在原系统基础上加装了电控装置,使转向控制更精细,如图 4-8 所示。电子液压助力转向系统辅助力的大小不仅与转向角度有关,还与汽车行驶速度有关。

电动助力转向系统取消了液压助力装置,完全靠电机给转向系统助力,电控系统更加精准,可根据不同工况提供可变助力,如图 4-9 所示。

电动助力转向系统正在逐步替代液压助力转向系统,成为汽车的主流转向系统。现如今,智能汽车兴起,一些自动驾驶汽车厂商在电动助力转向系统基础上进行了改良,推出线控转向系统,使汽车转向不但不再仅受驾驶人手臂控制,还能根据预先设定由控制单元控制汽车行驶方向。

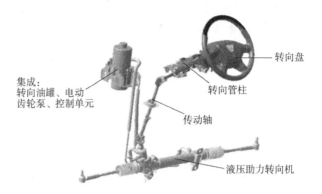

图4-8 电子液压助力转向系统

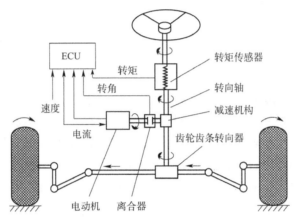

图4-9 电动助力转向系统

(三) 转向时车轮运动规律

汽车在转向时,两侧车轮在地面上滚动的距离是不相等的。对于前置后驱汽车来说,后车轮为驱动轮,后桥左右两侧的车轮由于差速器的作用,能够以不同的转速滚过不同的距离,而且前桥左右两侧车轮滚过的距离也是不同的,即便两侧车轮能够以不同车速运转,由于所围绕转动的点不同,也会引起车轮沿路面边滚动边滑动,增大转向时的行驶阻力,导致轮胎磨损加剧、轮胎寿命缩短。为了消除这种现象,就需要将转向轮转向时所围绕的旋转圆心重叠,以保证在汽车转向时,所有与地面接触的车轮均作纯滚动。在车轮到达极限位置时,给两个转向轮作垂直平分线,垂直平分线交点 O 即为汽车转向回转圆心,称为汽车转向中心;转向中心到外侧转向轮与地面接触点的距离 R 称为汽车的转弯半径;汽车转向时内侧转向轮偏转角 β 大于外侧转向轮偏转角 α,如图4-10所示。

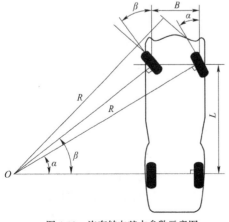

图4-10 汽车转向基本参数示意图

α 与 β 的数学运算关系是

$$\cot\alpha = \cot\beta + \frac{B}{L} \tag{4-1}$$

式中：B——车轮主销中心距离；

L——汽车轴距。

该运算关系也称为转向梯形理论特性关系式。转向角之所以能保持这样的关系，是受转向梯形的作用，转向梯形示意如图4-11所示，θ 为转向梯形的底角。所有汽车转向轮在一定车轮偏转角度范围内，都需要大体保持上述关系，以保证前轮磨损程度最低。

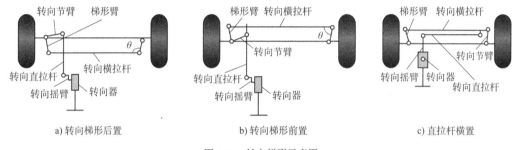

a) 转向梯形后置　　b) 转向梯形前置　　c) 直拉杆横置

图4-11　转向梯形示意图

转弯半径 R 越小，汽车转向所需要的场地就越小，汽车转向机动性也越好。外侧转向轮偏转角 α 最大时，转弯半径 R 最小。

汽车内侧转向轮的最大偏转角一般为 $35°\sim42°$。轿车最小转弯半径一般为 $4.5\sim12\mathrm{m}$，载货汽车最小转弯半径一般为 $7\sim13\mathrm{m}$。

（四）动力转向装置结构及工作原理

液压助力转向系统由机械转向装置和动力转向装置组成。动力转向装置由转向动力缸、转向控制阀、转向油泵、转向油罐、液压管路等部件组成。

1. 转向动力缸

转向动力缸多位于整体式转向器内部，即在机械转向器的基础上增加了旋转阀、活塞等，如图4-12所示。其中，活塞是助力执行部件，它两侧的腔室像汽缸一样，当油液从左侧供入时，活塞带动齿条向右侧移动；当油液从右侧供入时，活塞带动齿条向左侧移动。通过活塞的带动，帮助驾驶人节省体力。

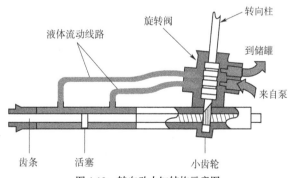

图4-12　转向动力缸结构示意图

2. 转向控制阀

转向控制阀同转向动力缸一样,直接安置在整体式转向器内部。转向控制阀的功用是根据驾驶人的转向意图控制油流方向,将油泵输出的工作油液引入转向动力缸的相应腔室中,推动活塞移动。当转动转向盘时,转向控制阀就打开相应的通道,使压力油进入活塞需要压力油的一侧。通常采用的转向控制阀有两种类型,即滑阀式控制阀和转阀式控制阀。

(1) 滑阀式控制阀。

随着转向盘和螺杆的转动,与螺杆相连的滑阀前后移动,控制打开滑阀内部一系列孔道,让压力油流到活塞和循环球螺母总成需要压力油的一侧。当转向盘向另一侧转动,压力油流就被送到活塞和循环球螺母总成的另一侧。通过油流的改变,能够使油液进入转向动力缸活塞左、右的不同腔室,控制活塞的受力方向和大小,如图 4-13 所示。

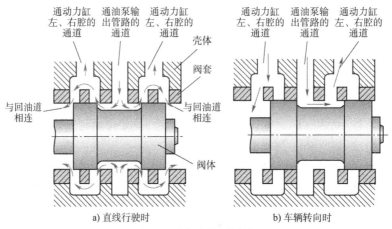

图 4-13 滑阀式转向控制阀

(2) 转阀式控制阀。

许多汽车也采用转阀式控制阀来控制液压油到转向动力缸的流向,如图 4-14 所示。当转动转向盘时,通过扭杆产生的扭转力使阀芯转动很小角度。随着阀芯转动,不同孔道被打开或者关闭,以便让液压油流到动力缸活塞需要的一侧;如果转向盘向相反方向转动,液压油则流到动力缸活塞的另一侧。转阀式转向控制阀又叫作转子分配阀,是目前应用最广泛的转向控制阀,对于齿轮齿条式整体转向器,转子分配阀安装在转向器输入轴和小齿轮之间。转子分配阀调节高压动力转向油液进入动力活塞的左侧或右侧,以实现助力转向,减轻驾驶人施加的转向力,如图 4-14 所示。

3. 转向液压泵

转向液压泵动力来自发动机,其作用是将储液罐中的动力转向油液加压,经过转向控制阀输送给整体式转向器,通常安装在发动机前端,由曲轴通过皮带驱动。转向液压泵驱动方式如图 4-15 所示。

按结构形式不同,转向液压泵可分为叶片式转向液压泵、齿轮式转向液压泵、柱塞式转向液压泵。其中,叶片式转向液压泵(图 4-16)具有尺寸小、噪声低、容积效率高等优点,应用最广泛。叶片式转向液压泵驱动轴与转子采用花键连接,二者共同转动。转子呈圆形,且加工有滑槽。滑槽中安装叶片,叶片可以在滑槽中沿转子径向滑动,由于离心力的作用,转子转动时叶片外端始终与定子的内表面接触,转子、定子和相邻两叶片组成密封的泵腔。当转子带动叶片转动时,泵腔容积变化,形成真空度,完成吸油和泵油。

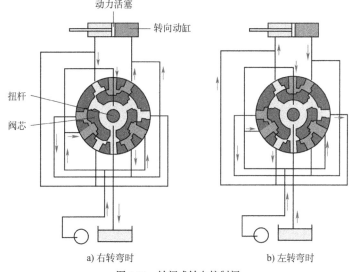

图 4-14 转阀式转向控制阀

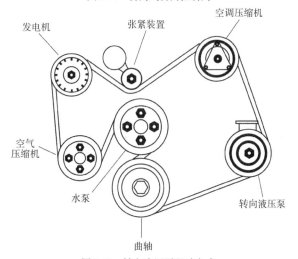

图 4-15 转向液压泵驱动方式

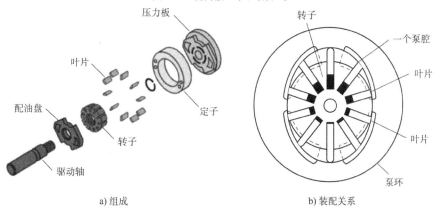

图 4-16 叶片式转向液压泵

转向液压泵是一个定排量泵,它的流量与发动机转速成正比。转向液压泵一般设计成满足发动机最低转速时的转向需要,以保证急速转向所需要的动力腔活塞的最大移动速度。因此,当发动机转速升高时,转向液压泵的流量将急剧增加,整个液压系统的压力也急剧增加,这将导致转向液压泵工作温度过高和消耗功率过大。在转向液压泵的输出口安装流量控制阀,不但可以解决其工作温度过高和消耗功率过大的问题,而且能够满足高速转向沉稳、低速转向轻便的要求。另外,当转向阻力矩过大时,动力腔和转向液压泵将超载,因此,液压系统中还必须安装有限制系统最高压力的减压阀。现代汽车的减压阀通常集成在流量控制阀中。

(五)液压助力转向系统特点

液压助力转向系统诞生于1902年,至今已经有百余年历史。该技术成熟可靠,提供的力矩大、转向稳定,而且成本低廉,得以被广泛普及。但无论行驶中汽车是否转向,这套系统都要工作,而且在转向速度较低、转弯半径较大时,需要液压泵输出更大的功率以获得比较大的助力,在一定程度上浪费了资源。液压系统对控制单元的兼容性较差,难以支持辅助驾驶、智能驾驶功能,无法支持汽车"新四化"升级改良。

电动助力转向系统

(一)电动助力转向系统类型及结构

电动助力转向系统(Electric Power Steering,EPS)是一种直接依靠电机提供辅助转矩的动力转向系统,按照电动机安装位置不同,分为齿轮助力式转向系统、齿条助力式转向系统、转向轴助力式转向系统三种形式,如图4-17所示。

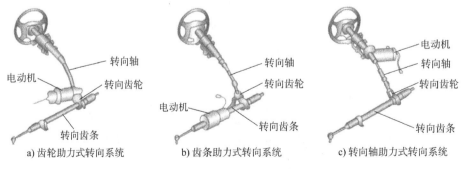

a) 齿轮助力式转向系统　　b) 齿条助力式转向系统　　c) 转向轴助力式转向系统

图4-17　电动助力转向系统类型

电动助力转向系统和液压助力转向系统相比,不再有转向动力缸、转向控制阀、转向液压泵、液压管路等部件,而是根据计算机指令直接依靠电机提供辅助转矩。电动助力转向系统由转矩传感器、车辆速度传感器、动力转向控制模块、动力转向电机和电磁离合器等组成。

1. 转矩传感器

转矩传感器的作用是感知驾驶人的转向意图,并反馈给动力转向控制模块,给动力转向控制模块控制动力转向电动机电流提供参数信号。转矩传感器安装在转向器输入轴或转向柱的扭力杆上,它通常是一个电磁感应传感器,如图4-18所示,其内部装配磁性圆环,圆环中间与扭力杆接触,该扭力杆能够形成约5°的转角。当转向盘带动扭力杆转动时,转矩传感器向动力转向控制模块输送直流电压信号。

按敏感元件不同来分类,转矩传感器主要有接触式传感器和非接触式传感器两大类。接触式传感器容易受温度、磨损的影响而产生信号漂移,使用一段时间后其输出性能会下降,容易产生噪声。但接触式传感器结构简单、价格低廉,因此,在EPS中仍然被广泛使用。非接触式传感器有霍尔式传感器、电感耦合式传感器、电容式传感器、光电式传感器等类型。非接触式传感器具有无磨损、无噪声、耐久性和可靠性高、迟滞小、精度高等优点。但相对于接触式传感器来说,其价格要高一些,在国内尚未得到广泛应用。从长远来看,非接触式的转矩传感器必将取代接触式的转矩传感器。

按传感器的功能不同来分类,转矩传感器可以分为只输出转矩信号的传感器(Torque Only Sensor,TOS)和转矩信号与转角信号集成的传感器(Torque Angle Sensor,TAS)。TAS用于实时检测转向盘的转动方向以及转向盘的位置,对于回正和阻尼逻辑开发十分重要,也可以供主动前轮转向系统、自动泊车系统、车辆稳定系统等其他控制器使用。

2. 车辆速度传感器

车辆速度传感器是用来检测汽车车速的装置,如图4-19所示。车辆速度传感器为电动助力转向系统提供车辆速度信号,同时,该信号还用于控制发动机怠速、自动变速器的变矩器锁止、自动变速器换挡及发动机冷却风扇的开闭和巡航定速等功能。

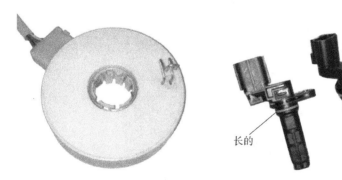

图4-18 电磁感应转矩传感器　　图4-19 车辆速度传感器

根据输出信号不同,车辆速度传感器可以分为磁电式车辆速度传感器、霍尔式车辆速度传感器、光电式车辆速度传感器、磁阻式车辆速度传感器几种类型。车辆速度传感器通常安装在驱动桥壳或变速器壳内,其信号线通常装有屏蔽外套,以消除其他电子设备产生的电磁及射频干扰,保证通信不产生中断、不受干扰,防止可能导致的驾驶性能变差故障。

3. 动力转向电机

EPS的电机与发动机起动机原理上基本相同,动力转向电机对EPS性能影响很大,是EPS的重要部件之一。动力转向电机如图4-20所示。为了确保系统工作稳定、可靠、响应迅速,动力转向电机需要具备低转速大转矩、波动小、转动惯量小、尺寸小、质量轻、低电流噪声、较大范围转速和温度变化、可靠性高、易控制等优势。

a) 转向器总成　　　　　　　　　　　b) 电机减速装置

图 4-20　动力转向电机

在 EPS 电子控制部分,动力转向电机是助力系统唯一的执行器,一般为三相感应电动机,安装在转向器、转向齿条或转向柱上。目前,齿条助力类型电动助力转向系统居多,采用蜗杆蜗轮传动方式驱动小齿轮轴,由小齿轮带动齿条移动,实现助力转向。由动力转向系统控制模块通过脉宽调制信号驱动电机运行,调整动力转向电机工作电流,从而控制电机转速、力矩变化,实现可变助力转向。一旦系统发生故障,电机将失去转向助力功能,转向系统将以机械的方式实现转向。

4. 动力转向控制模块

动力转向控制模块是 EPS 的关键部件。车辆转向时,动力转向控制模块根据转矩、车辆速度等传感器的信号以及电机的电流、电压信号,判断汽车的转向状态,向动力转向电机发出控制指令,使动力转向电机按转向盘转动的速度、方向、力矩产生需要的转向转矩,协助驾驶人操纵汽车转向。动力转向控制模块还有对 EPS 进行故障诊断的功能,一旦发现故障,其将中断电动机供电,控制故障指示灯点亮(图 4-21),同时将故障以故障码的形式存储到控制模块中,便于故障的诊断与排除。动力转向模块通常集成在动力转向电机中。

图 4-21　电动助力转向系统故障指示灯

(二) 电动助力转向系统工作原理

转矩传感器与转向轴下面的小齿轮轴连接在一起,当驾驶人操纵转向盘带动转向轴转动时,转矩传感器开始工作,把输入轴和输出轴在扭杆作用下产生的相对转动角位移转变为电信号,传给动力转向控制单元,动力转向控制单元再根据电机转动传感器信号以及通用汽车局域网(General Motors Local Area Netword,GMLAM)信号线传来的车辆速度传感器和其他信号决定电动机的旋转方向和电流的大小,从而完成实时控制助力转向。电动机输出的转矩通过蜗轮蜗杆减速机构放大力矩,并将助力施加给齿条、转向轴或转向器小齿轮,达到帮助驾驶人节省体力的目的。电动助力转向系统工作原理如图4-22所示。

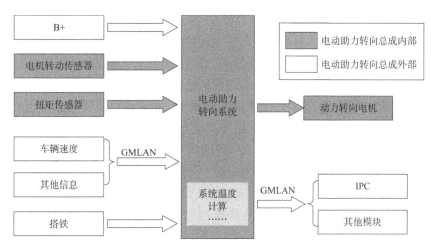

图 4-22 电动助力转向系统工作原理

(三)电动助力转向系统特点

与传统的液压助力转向系统(Hydraulic Power Steering,HPS)相比,EPS 具有以下优点:

(1)仅在需要转向时才启动电机产生助力,减少发动机燃油消耗,节约能源;

(2)电信号响应迅速、准确,能在各种行驶工况下提供最佳助力,减小由路面不平所导致的助力向扰动,改善汽车的转向特性,提高汽车的主动安全性;

(3)没有液压回路,调整和检测更加容易,装配自动化程度更高,且可通过设置不同的程序,快速与不同车型匹配,缩短生产和开发周期,能够适应智能汽车线控转向的改良;

(4)没有液压回路,不存在漏油问题,减小对环境的污染。EPS 已经成为转向系统发展的主要趋势,正在逐步替代 HPS。

三 线控转向系统

(一)什么是线控转向系统

转向系统发展技术路线的终极状态就是线控转向。转向系统发展路径如图4-23所示。

图 4-23　转向系统发展路径

1. SBW 定义

线控转向系统（Steer-By-Wire，SBW）是指在原有的 EPS 系统上，取消了转向盘与转向系统机械连接，安装两个电机，这两个电机可分别提供转向助力和路感反馈。线控转向是转向系统发展的第四个阶段，根据券商的市场预估，线控制动属于成长期，线控驱动属于成熟期，而线控转向由于开发层面具有极高的技术门槛仍处于导入期。

许多车企对线控转向技术都进行了深入的研究，力求将线控转向技术量产到民用车型。例如，雷克萨斯 RZ 和丰田 bZ4X 是近期热度较高的两款纯电动车，一是因为这两款车是丰田纯电动车的开山之作，二是因为这两款车都将搭载了采用线控转向技术的"赛车手转向盘"（图 4-24）。丰田并非第一个在量产车型上搭载线控转向的品牌，但却是第一个以线控转向改变量产车驾驶转向习惯的车企。因为"赛车手转向盘"最大的特点是单侧转向最大角度只有 150°，不需要交叉换手就能打满方向，让驾驶人不再手忙脚乱地"抢"转向盘。

a）雷克萨斯RZ

b）丰田bz4x

图 4-24　赛车手转向盘

SBW 的两个电机的布置结构与 R-EPS 结构相似，因此，线控转向并不存在硬件技术难题，而是在于与软件系统的调试、机械解耦后的安全保障，未来发展的重点研究领域也是如何布置安全冗余方案，使其具备更强产品竞争力。图 4-25 所示为 SBW 转向系统组成，由于 SBW 取消了机械连接部件，因此，在布置方案上彻底摆脱机械固件的限制，完全由电能实现，将驾驶人的操纵动作经过传感器变成电信号，通过电缆直接传输到执行机构的一种系统。

2. SBW 组成

汽车 SBW 由转向盘总成（转向盘模块）、转向桥机构总成（前轮转向模块）、主控制器（ECU）、自动故障处理系统及电源等辅助系统组成，如图 4-26 所示。

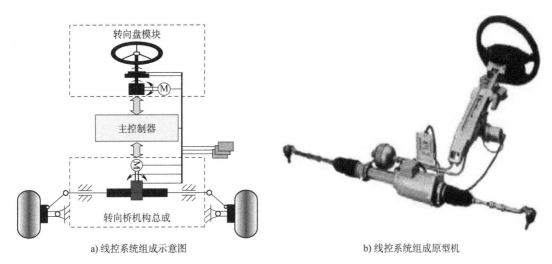

a) 线控系统组成示意图　　　b) 线控系统组成原型机

图 4-25　SBW 转向系统组成

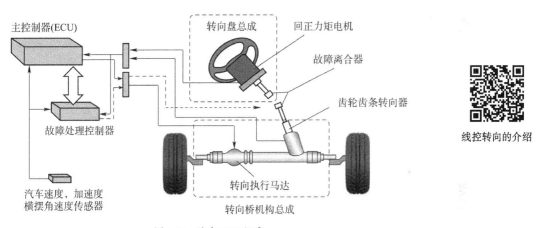

图 4-26　汽车 SBW 组成

线控转向的介绍

(1) 转向盘总成。

转向盘总成功能是通过传感器将驾驶人的转向意图转为数字信号,通过 CAN 总线传递给控制器,同时控制器通过数字信号控制回正力矩电机驱动转向盘回正,保障驾驶人获得路感。转向盘总成包括转向盘、角传感器、转矩传感器以及回正力矩电机。

(2) 转向桥机构总成。

转向桥机构总成功能是实现驾驶人转向意图。主控制器(ECU)将转向信号传递给前轮转向模块,前轮按照命令转角,在执行命令的同时,又将前轮转角实时信号反馈给主控制器(ECU),以保证转向系统的稳定性。

(3) 主控制器(ECU)。

主控制器(ECU)用于收集各类传感器信号,包括转向盘转角、转向盘转矩、车辆速度等信息,通过 ECU 分析处理,判断汽车的运行状态并向回正力矩电机和转向电机发动命令,确保两个电机工作的协调性。此外,ECU 通过采集的数据分析,可为驾驶人提供转向合理诱导,当汽车处于不稳定的工作状态或者驾驶人操作错误,ECU 会及时发送命令迅速恢复稳定状态,为驾驶安全提供保障。

(4)故障处理控制器。

故障处理控制器功能是保证转向系统的安全性,自动将故障系统库内各类故障形式和故障等级归类,针对不同的故障有不同的处理方式,通过实时数据分析和算法控制及时修复故障,以最大程度确保汽车驾驶安全性。

(二) SBW 工作原理

驾驶人转动转向盘,当转向盘转动时,转向盘总成中的转矩传感器和转向角传感器将收集的角转变成数字信号通过 CAN 线传递到 ECU 中,同时,ECU 接收前轮转角传感器、车辆速度传感器、横摆角速度传感、车身加速度传感器等信息,ECU 综合分析数据,根据整车驾驶状态向转向执行电机输出转向命令。后依据车辆速度传感器和安装在转向传动机构上的位移传感器的信号处理,向控制转矩反馈电动机发送转向命令,控制回正力矩角度和功率,回正力矩电机转动向转向盘发出回正力。图 4-27 所示为 SBW 工作原理。

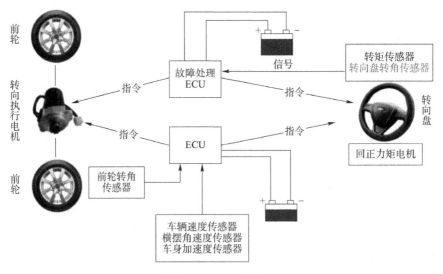

图 4-27　SBW 工作原理

SBW 控制逻辑如图 4-28 所示。

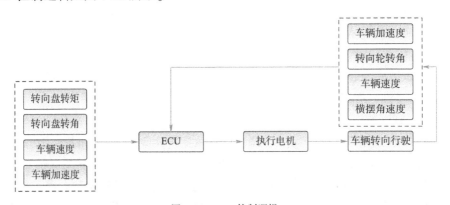

图 4-28　SBW 控制逻辑

(三) SBW 安全冗余解决方案

SWB 发展的技术难点之一是安全冗余。安全冗余通常指通过多重备份来增加系统的可靠性,基于实际驾驶安全进行分析、管控而制订双重甚至多重措施,预防事故发生的一种安全理念。目前,流行的安全冗余方案有机械冗余方案、液压冗余方案和电机冗余方案,如图 4-29 所示。

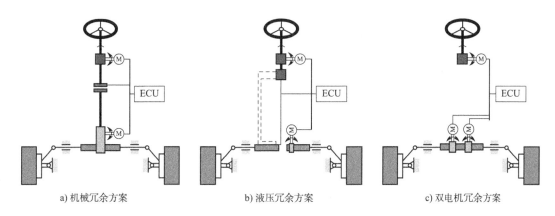

a) 机械冗余方案　　b) 液压冗余方案　　c) 双电机冗余方案

图 4-29　安全冗余方案

资料来源:《汽车线控转向系统发展综述》,周聪/肖健/伊克巴尔·穆罕默德·纳维德,光大证券研究所整理。

1. 机械冗余方案

目前,汽车 SBW 采用机械冗余方案的比例最高。机械冗余方案是在 SBW 失效后通过电磁阀连接物理转向传动机构,保证汽车的转向操作稳定性。机械冗余方案具有价格低、技术简单等优点,但是它只适用于轻型汽车。

在具备机械冗余的 SBW 中,电磁控制阀安装在转向轴上,电磁阀在 SBW 正常工作时处于通电常开状态,转向机构并不与机械冗余连接,如图 4-30 所示。当 SBW 故障,电磁阀断电,在复位弹簧的作用下离合器结合机械转向系统作用,驾驶人通过机械转向系统直接操纵车辆转向,确保转向稳定性。

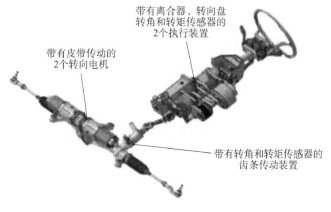

图 4-30　机械冗余方案

在转向轴适当的位置配备有电控离合器,离合器在正常状态下接通电流并打开,使得转向盘和转向轮失去了机械连接。而在发生错误时,离合器断电,从而在复位弹簧的作用下接合。由此,在紧急状态下使得驾驶人对转向轮的直接操纵得以实现。但是,机械冗余系统的安装部署占据了空间,削弱了 SBW 的优势,英菲尼迪 Q50 的门禁自诊断就采用了转向盘和转向轮的直接机械连接作为冗余系统。

2. 液压冗余方案

液压冗余方案在 SBW 失效时通过液压助力系统提供转向助力,与机械冗余方案相比,转向器和转向盘通过液压系统连接,不占用过多的布置空间,突出了采用线控系统的优势。但是,通过液压助力系统提供转向助力,因其能量利用效率较低、需添加复杂的液压系统等,其优先级不如机械冗余方案。此外,液压冗余方案非常适用于重型汽车。

如图 4-31 所示,手动泵通过液压软管与转向盘和齿轮齿条传动机构连接,紧急转向系统由带有弹簧的换向阀控制,当 SBW 失效时,转向阀断电,复位弹簧推动换向阀开关关闭,液压冗余系统开始工作。

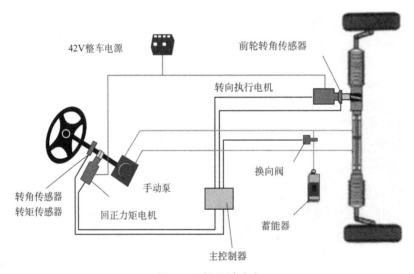

图 4-31 液压冗余方案

3. 电机冗余方案

电机冗余线控转向将先从特定场景(机场、厂内物流以及特定区域的公共交通)切入,并在短期内使用机械冗余保证安全,采集行驶安全数据用于软件的调校验证,再逐步外推扩展到民用场景并最终使用电机系统备份冗余。

双电机安全冗余线控转向系统除了包括机械转向系统外,还包括转向执行电机总成、管柱转向电机、电源中心、主控制器和各种辅助机构,如图 4-32 所示。该系统将传统的机械转向与电子控制技术紧密结合起来,其基本原理是,当驾驶人转动转向盘时,转角传感器会将转向盘的转角、角速度等信息发送给主控制器。主控制器根据这些信息和车辆速度、驾驶模式等其他参数,计算出合适的转向指令,然后发送给双电机。双电机根据指令驱动转向执行机构,从而实现车轮的转向。该系统作用主要包括以下几个方面:

(1)提升车辆的转向精度,通过电子控制单元的精确计算和电机的精准驱动,可以更准确地控制车辆转向角度,这在自动驾驶等场景下非常重要;

(2)提供可变的转向助力,根据车辆速度和驾驶工况等调节转向助力大小,比如在低速时提供较大助力,让车辆转向更轻便,而在高速时适当减小助力,提升转向稳定性;

(3)两个电机在正常情况下协同工作,当一个电机出现故障时,另一个电机可以快速接管转向工作,确保车辆转向系统仍能正常运行,保障行车安全。

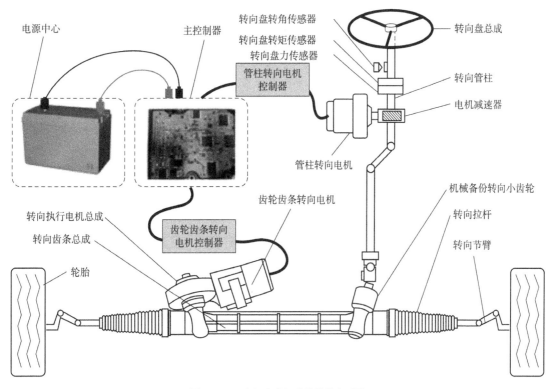

图 4-32 双电机安全冗余线控转向系统

(四) SBW 优势

由于 SBW 是机械解耦,通过 CAN 总线传输信息,其具备以下优势。

(1)轻量化的提升。机械解耦进一步提升了汽车的轻量化程度,整车质量的降低带来汽车能量消耗以及汽车振动产生的噪声污染的降低。

(2)舒适性的提升。由于完全取消转向盘与转向系统连接的机械装置,提升了汽车整体布置的空间,为驾驶舱提供更多的空间,提升驾驶人和乘客的乘坐舒适性。

(3)安全性的提升。由于取消了转向盘与转向系统的机械连接机构,在汽车发生碰撞时不会产生对驾驶人的二次伤害,二次伤害性降低。

(4)操纵灵活性、协调性的提升。由于各个部件都是通过电信号传输进行控制,提高了信息传递效率,使转向控制更为迅速灵敏。传感器数据的采集和处理、汽车驾驶状态实时监控的准确记录及控制的精度也随着算法的不断更新,控制策略的日趋丰富,可实现对底盘各个系统的协调控制。

（5）生产成本降低。线控技术的发展可以极大地简化汽车的生产、装配和调试过程，节约生产成本和缩短开发周期，也有利于汽车生产企业根据用户的不同需求，进行个性化的定制。当软件上能完成更多的硬件任务时，就能显著降低线控系统的成本，从而更易被市场认可。

> **拓展阅读**
>
> ## 四轮转向
>
> 四轮转向（4 Wheel Steering，4WS）即除前轮为转向轮外，后两轮也具备转向功能。4WS 于 20 世纪 80 年代中期兴起，旨在提升汽车在高速行驶或受侧向风力影响时的操作稳定性，优化低速下的操纵便捷性，以及降低在停车场的转弯半径。
>
> 4WS 有两种主要方式：后轮转向与前轮转向方向一致时，称作同向位转向；后轮转向与前轮转向方向相反时，则为逆向位转向。现在，该技术被众多车企采纳。其中，在大型车辆上应用广泛，部分 SUV 和跑车也具备此功能。配备 4WS 后，能减小车辆转弯半径、增强低速行驶时的机动性以及高速行驶时的操纵性与可控能力。
>
> 德尔福公司的 OUADRASTEER 是当前最为先进的四轮转向系统之一，是在传统前轮转向基础上增添了电动盾轮转向系统。该系统包括四个主要部件，即前轮定位传感器、可转向的整体准双曲面后轴、电动机驱动的执行器以及一个控制单元。前轮定位传感器与车辆速度传感器持续向控制单元传输数据，控制单元据此确定后轮适宜的角度，并抉择正确的操作阶段。
>
> 此系统具有三种主要运行模式：负相、中相、正相。低速行驶时，后轮转弯方向与前轮相反，此为负相；中速行驶时，后轮笔直，保持中相；高速行驶时，后轮处于正相，与前轮转弯方向相同。在低速行驶的负相状态下，拖曳操纵使得尾部更紧密地跟随车辆真实轨迹，相比两轮转向，在城市交通中的驾驶更为轻松。进行低速操纵，如倒车上船板或野营带拖车停车时，OUADRASTEER 会让操纵变得更容易。倒拖车时，负相极大地改善了拖车对转向动作的响应，更易于使车辆就位。
>
> 日产 Skyline GT-R 展示了四轮转向的独特驾控特性。其超级 HICAS 系统借助计算机辅助，采用严格控制的直排轮制动。遇弯角时，后轮先逆向转以提升初始转向响应灵敏度，传感器感知车辆回应后，后轮与前轮同向转，引入后胎滑动响应助力调整攻弯角度，计算机全程监控抑制转向过度量。
>
> 自 20 世纪 80 年代末期起，日本汽车制造商始终坚持独立采用四轮转向技术。这一技术旨在提升车辆操控性能与行驶稳定性。然而，如今它面临着电子稳定控制系统和横向偏摆控制系统的挑战。这两种系统能纠正转向不足或过度问题，且在成本和质量控制上更具优势，使四轮转向技术处于劣势。
>
> 当前，除部分大型卡车和赛车外，乘用车基本不采用四轮转向技术。但该技术极大增强了大型车辆操纵、稳定、安全及舒适性能，是划时代的汽车技术革新，有望在未来成为大型车辆热门选装件，改变其未来发展走向。

🔧 技能实训

一、转向系统关键部件装配与检查

(一)转向机装配

1. 准备工作

1)任务要求

(1)熟悉转向操纵机构、转向器、转向传动机构、转向电机等部件装配位置关系;

(2)熟练装配转向机总成;

(3)能够查阅装配资料,按照规范流程、标准力矩装配。

2)组织方式

(1)学生自主查阅学习资料,熟悉转向机与转向器的装配关系、拧紧力矩、装配流程,将装配流程及注意事项记录下来;

(2)以小组为单位,结合学习资料讨论转向机装配流程,统一意见,最终制订 1 套转向机装配标准流程;

(3)在教师的引导下,以小组为单位准备工具,完成实操任务,每组 3~6 人,其中,1 人担任组长,1~2 人担任操作员,1 人担任记录员,1 人担任安全员,1 人担任质检员,如人员较少,部分职责可兼任;

(4)修正转向机装配流程,分组展示。

3)实施准备

(1)安全要求及注意事项。学员进入实训区务必穿工服,严格遵守实训区安全作业规程,严禁非专业人员或无实训教师在场的情况下私自操纵举升机、带电设备。

(2)场地设施。满足理论及实践教学的工学一体化教学及实训场地。

(3)工具设备或耗材。汽车转向机装配技能实训的工具设备或耗材见表 4-1。

汽车转向机装配技能实训的工具设备或耗材　　表 4-1

名称及数量	对应图片
科鲁兹实训轿车 1 辆	

续上表

名称及数量	对应图片
举升机 1 台	
工具箱 1 套	
大号、中号、小号扭力扳手各 1 把	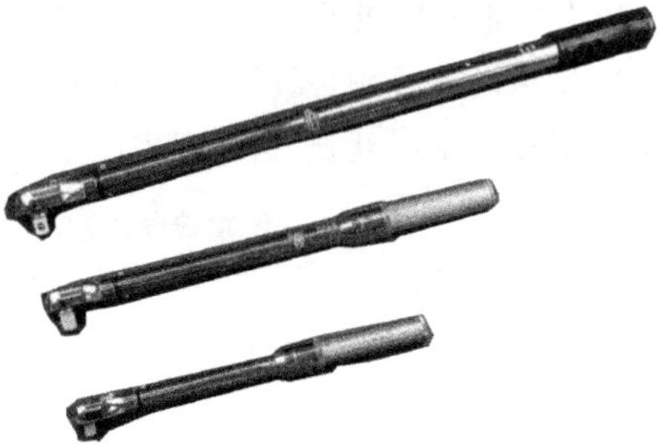
EN-45059	

续上表

名称及数量	对应图片
CH-49289	

2. 实施步骤

汽车转向机装配技能实训的实施步骤见表4-2。

汽车转向机装配技能实训的实施步骤　　　　　　　　　　　表4-2

操作步骤	参考图片
1)将转向机置于安装位置 (1)确保转向柱仪表板密封件被正确安装至转向机齿条锥齿轮壳体上； (2)将转向机2插入右侧，并将其置于安装位置； (3)安装新的转向机转向机螺栓4和螺母1、螺母3，首先用110N·m的转矩紧固； (4)将新的转向机螺栓和螺母再转150°~165°拧紧； (5)使用EN-45059仪表测定	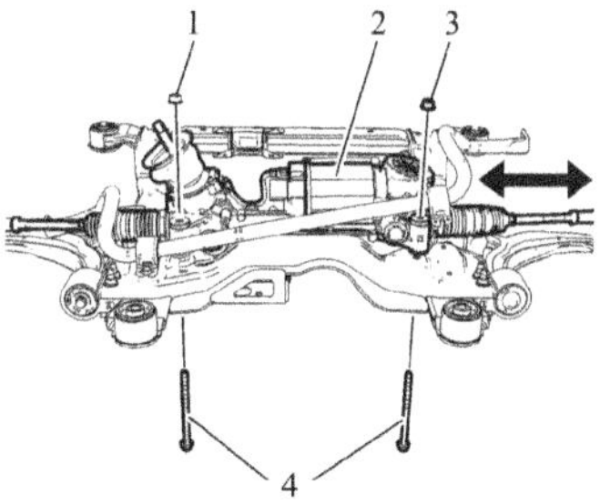
2)附属部件安装 (1)安装2个发动机线束托架螺栓4，并紧固至9N·m； (2)将线束保护圈1紧固至转向机上； (3)连接两个转向机的线束插头3	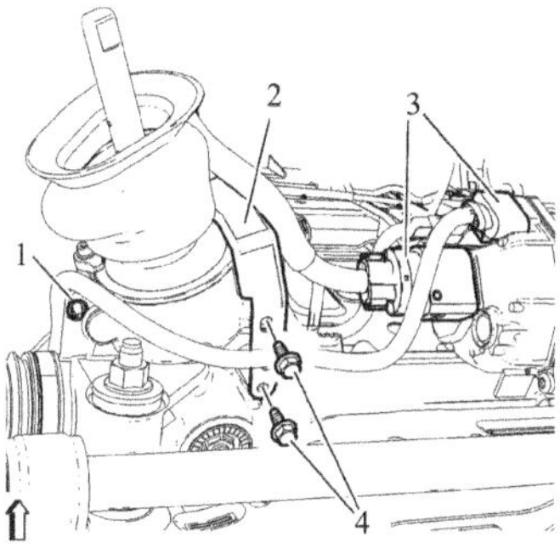
3)安装横向稳定杆 (1)将稳定杆1和托架置于副车架上； (2)安装新的右稳定杆隔振垫夹紧螺栓2，并紧固至22N·m； (3)将右稳定杆隔振垫夹紧螺栓再转30°拧紧； (4)使用EN-45059仪表测定	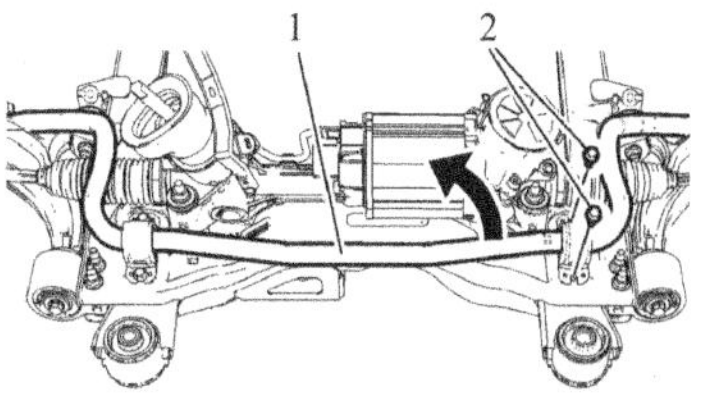

续上表

操作步骤	参考图片
4)移出定位销 移出 CH-49289 适配器上的定位销 1,中间骨架定位销 2、3 位置不变	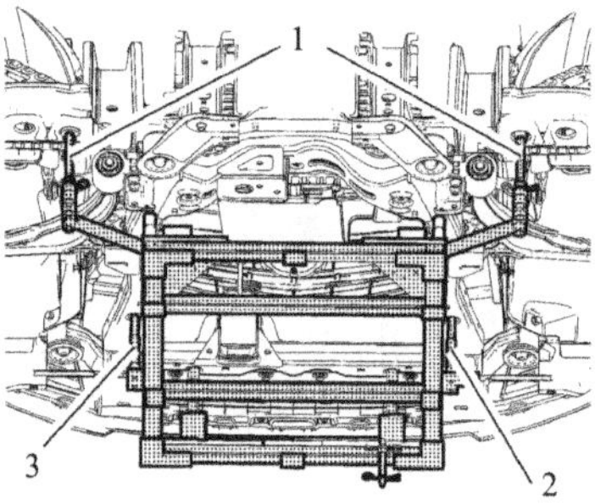
5)举升车架 小心地举升车架 1 此操作可使用 CH-49289 适配器 2	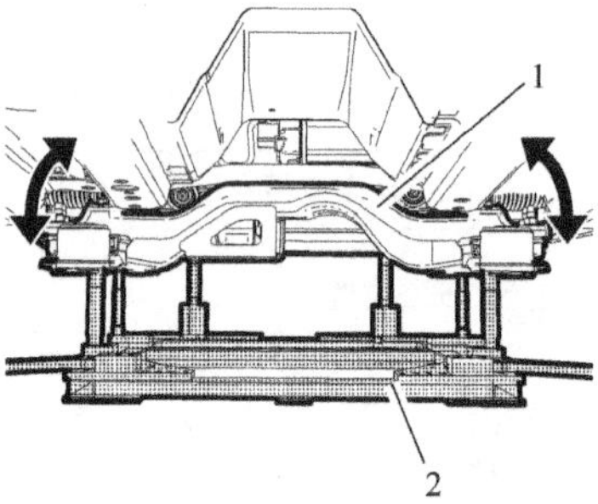
6)安装车架 (1)安装车架 1; (2)安装新的车架后部螺栓 2,并紧固至 160N·m。 注意:切勿重复使用旧螺栓	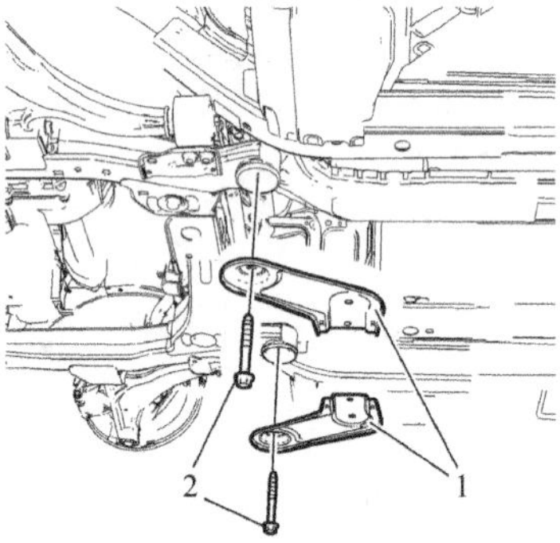
7)安装自动变速器 (1)安装前变速器支座螺栓 1 并紧固至 58N·m; (2)安装后变速器支座托架螺栓 2 并紧固至 100N·m	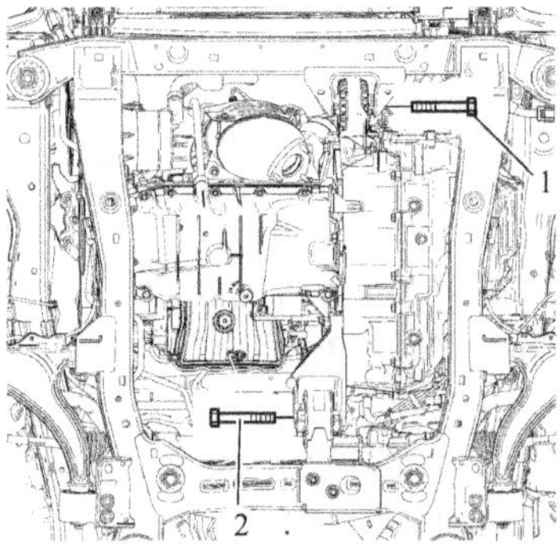

续上表

操作步骤	参考图片
8）安装紧固件 安装并紧固发动机两侧侧盖上的4个紧固件1	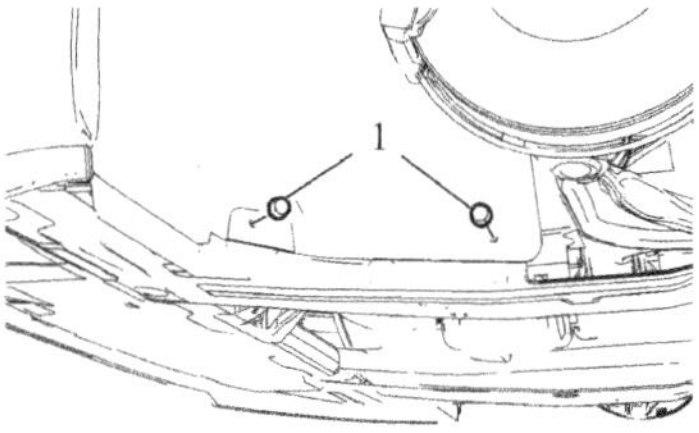
9）安装底盘附件 (1)安装并紧固发动机舱盖的4个紧固件1； (2)安装前舱屏蔽板(若装配)(参见"前舱屏蔽板的更换")； (3)安装前排气管(参见"前排气管的更换")； (4)安装转向传动机构内转向横拉杆(参见"转向传动机构内转向横拉杆的更换")	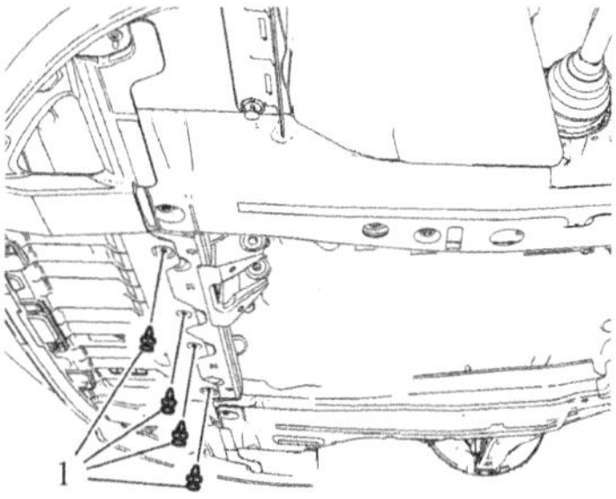
10）安装下螺母 安装稳定杆连杆1两侧的下螺母2，并紧固至35N·m	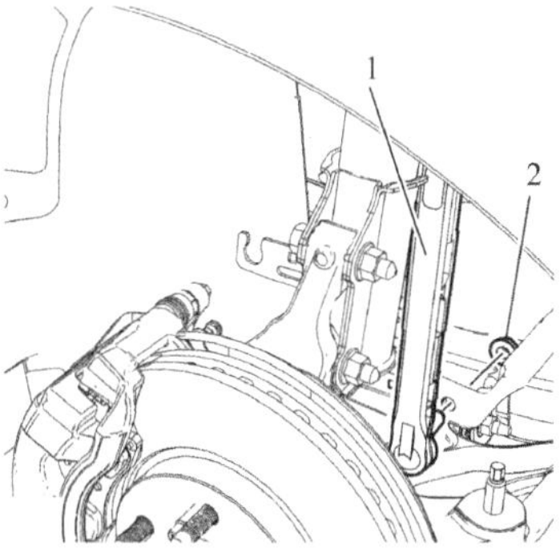
11）降低车辆，连接转向轴与转向器 (1)安装新的下中间转向轴螺栓1，并紧固至34N·m； (2)对中转向盘转角传感器(参见"转向盘转角传感器对中")； (3)安装轮胎和车轮总成(参见"轮胎和车轮的拆卸与安装")； (4)检查并调整车轮定位(参见"车轮定位测量")	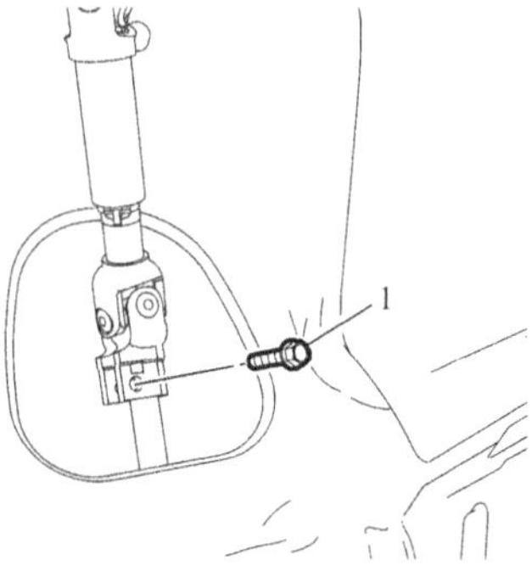

(二)中间转向轴装配

1. 准备工作

1)任务要求

(1)熟悉中间传动轴与转向器、转向轴装配位置关系,理解其作用;

(2)熟练装配中间转向轴;

(3)能够查阅装配资料,按照规范流程、标准力矩装配中间转向轴。

2)组织方式

(1)学生自主查阅学习资料,熟悉中间传动轴与转向器、转向轴装配位置关系,深入理解其作用,将装配流程及注意事项记录下来;

(2)以小组为单位,结合学习资料讨论中间转向轴装配流程,统一意见,最终制订1套中间转向轴装配标准流程;

(3)在教师的引导下,以小组为单位准备工具,完成实操任务,每组3~6人,其中,1人担任组长,1~2人担任操作员,1人担任记录员,1人担任安全员,1人担任质检员,如人员较少,部分职责可兼任;

(4)补充中间转向轴装配流程、注意事项,分组展示。

3)实施准备

(1)安全要求及注意事项。学员进入实训区务必穿工服,严格遵守实训区安全作业规程,严禁非专业人员或无实训教师在场的情况下私自操纵举升机、带电设备。

(2)场地设施。满足理论及实践教学的工学一体化教学及实训场地。

(3)工具设备或耗材。汽车转向系统中间轴装配技能实训的工具设备或耗材见表4-3。

汽车中间转向轴装配技能实训的工具设备或耗材　　表4-3

名称及数量	对应图片
科鲁兹实训轿车1辆	

续上表

名称及数量	对应图片
工具箱1套	
中号、小号扭力扳手各1把	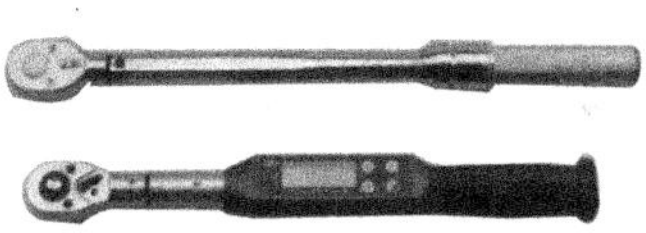
EN-45059	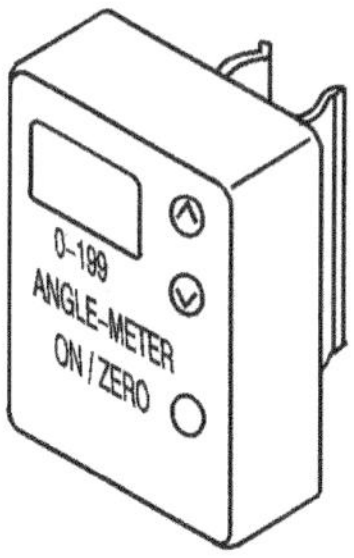

2. 实施步骤

汽车中间转向轴装配技能实训的实施步骤见表4-4。

汽车中间转向轴装配技能实训的实施步骤 表4-4

操作步骤	参考图片
1)安装中间转向轴 将新传动轴1的轴承盖涂抹少量润滑脂，然后安装到轭中	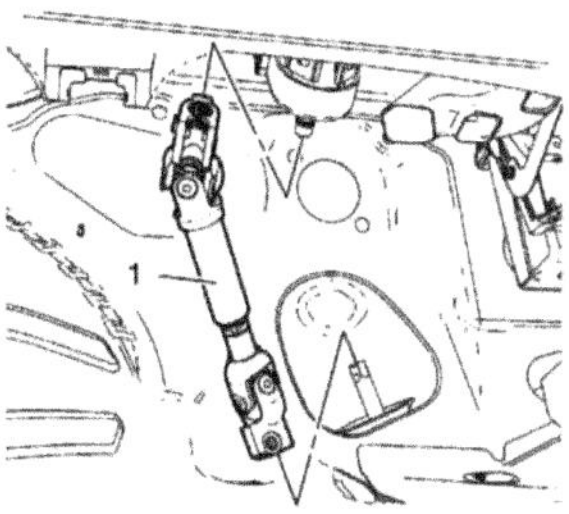

续上表

操作步骤	参考图片
2）安装下万向节 （1）将上万向节小心地推至转向柱上； （2）将下万向节1向下推至转向机小齿轮3上	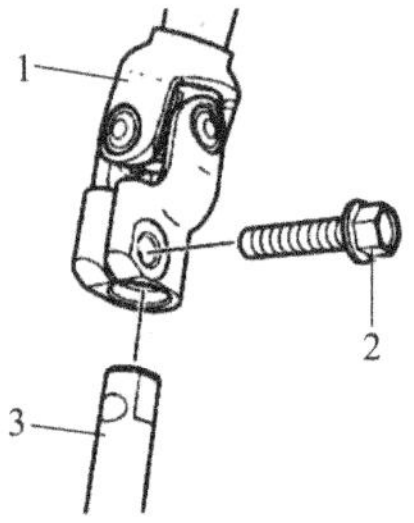
3）将万向节小心地推至转向齿轮上 注意：万向节内良好轮齿的凹槽2必须精确对准转向小齿轮上良好轮齿的凹槽1；万向节的孔必须对准转向小齿轮3的凹槽	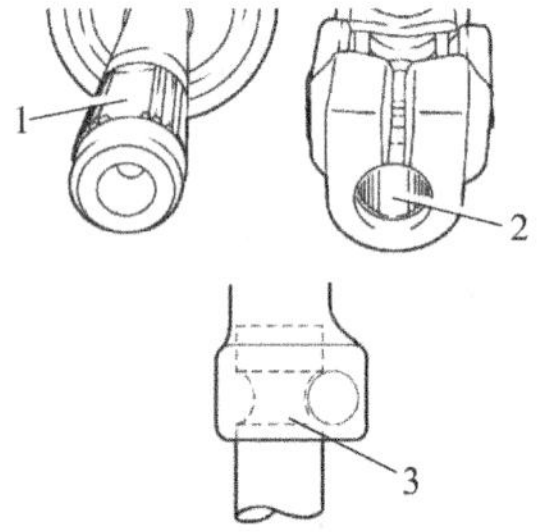
4）安装两个新的中间转向轴螺栓1 （1）首先紧固至25N·m； （2）将两个新的中转向柱螺栓再转180°~195°紧固	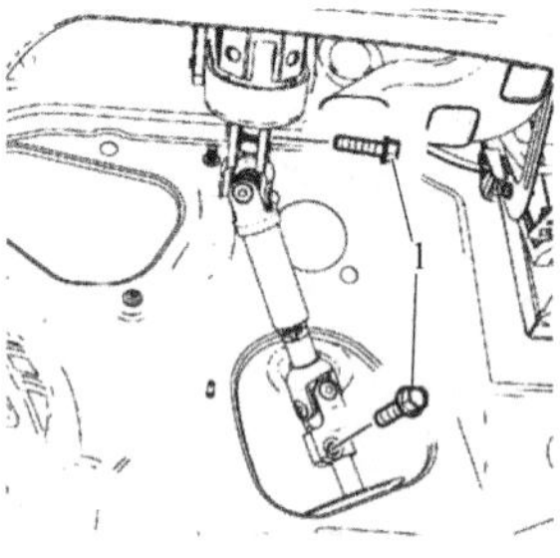
5）对中转向盘转角传感器 （1）连接故障诊断仪； （2）将点火开关置于"ON（打开）"位置，发动机关闭； （3）在"转向盘转角传感器模块配置/重新设置功能"列表中，选择"转向盘转角传感器重置"； （4）重置自适应数据控制； （5）通过转向盘使前轮对准向前； （6）确认转向盘和前轮处于正前方位置； （7）遵循屏幕显示的指示，选择转向盘转角传感器数据读取； （8）完成数据读取程序后清除故障码	

(三) SBW 转向性能测试

1. 准备工作

1) 任务要求

(1) 根据任务描述中的案例,需要学生认知 SBW 的构造;

(2) 能够熟练使用线控转向实训台,阐述 SBW 各组成零部件的安装位置和功用;

(3) 能够熟练操作底盘线控软件,按照教师指令输入相应的数据帧,记录转向盘转角和前轮转角。

2) 组织方式

(1) 学生自主查阅学习资料,熟悉 SBW 各组成的安装位置,理解 SBW 转向性能测试的作用,将检查流程及注意事项记录下来;

(2) 以小组为单位,结合学习资料讨论 SBW 转向性能测试流程,统一意见,制订转向性能测试流程;

(3) 在教师的引导下,以小组为单位准备工具,完成检查任务,每组 3~6 人,其中,1 人担任组长,1~2 人担任操作员,1 人担任记录员,1 人担任安全员,1 人担任质检员,如人员较少,部分职责可兼任;

(4) 填写检查单,修正转向性能测试流程,分组展示。

3) 实施准备

(1) 安全要求及注意事项。

① 注意警示牌摆放,准备安全防护用品(安全帽、绝缘手套),严格遵守实训车间的安全规范。

② 检查举升器使用情况,保证举升器正常。

③ 选择合适场地,场地宽敞,无障碍物。

④ 检查网络是否畅通,检查电源是否正常,电路检测时,学员应在指定工作区域,以免随意走动造成干扰。

(2) 场地设施。理实一体化教学教室,能够容纳 20~30 人的学习桌椅。

实训台架充足,连接线束充足。

(3) 工具设备或耗材。SBW 转向性能测试技能实训的工具设备或耗材见表 4-5。

SBW 转向性能测试技能实训的工具设备或耗材   表 4-5

名称及数量	对应图片
线控转向实训台架 1 台	

续上表

名称及数量	对应图片
实训车辆 1 台	
举升机 1 台	
万用表 1 个	

2. 实施步骤

SBW 转向性能测试技能实训的实施步骤见表 4-6。

SBW 转向性能测试技能实训的实施步骤　　　　表 4-6

操作步骤	参考图片
1）举升车辆 （1）检查车辆是否在举升位置（箭头标记处），举升垫块是否牢固； （2）检查完毕后举升车辆，将车辆举升 10cm 即可	

续上表

操作步骤	参考图片
2）上电 （1）接通台架左侧的电源线； （2）打开开关，开关指示灯亮起则表示成功通电	
3）接线 （1）台架成功通电以后，需要将底盘线控系统装调测试台架与底盘连接，连接线有如下两种，橘黄色为底盘48V供电线，黑色为底盘32Pin低压线束； （2）将上述两种线一端插入底盘线控台架（右侧），另一端插入线控底盘（左前方），确保线束连接正确，稳固	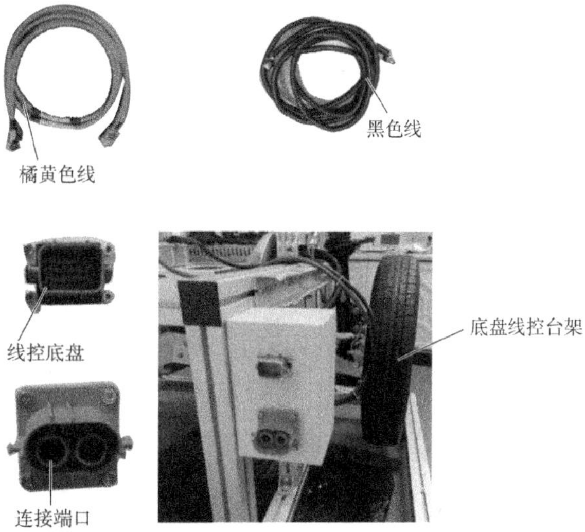
4）开机 （1）正确连接线后，打开一体机并按下面板上的点火开关，就可以打开对应的软件进行学习或测试。 （2）在实验过程中，如需进行检测操作，则可将万用电表或示波器、逻辑分析仪等的表笔插入检测口进行检测，观察实验现象	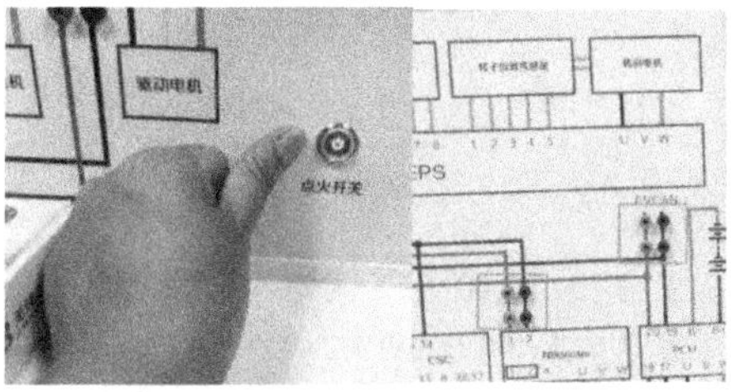
5）测试 硬件设备连接完毕后，点开软件测试。可以通过该软件读取到底盘的转向信息、读底盘的实时数据和根据协议发送自定义数据，或对底盘线控进行操作实验	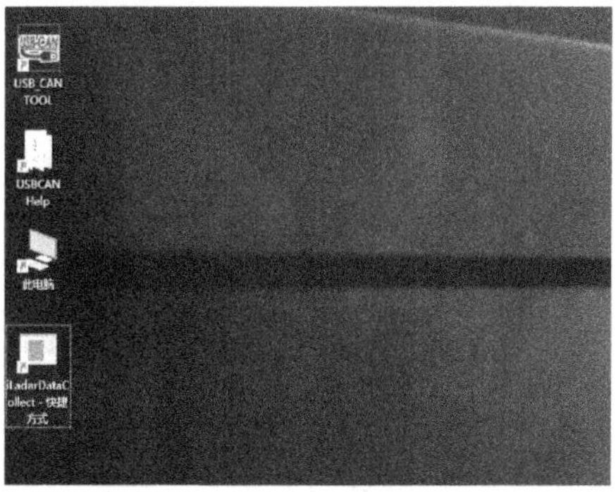

续上表

操作步骤	参考图片
6）分析 打开 CAN 分析仪软件，点击设备操作下拉菜单，点击启动 CAN 分析程序，将波特率设置为合适值后点击确定。 备注：设备的 CAN 分析仪波特率为 500K。不同的设备波特率不同，如果不知道波特率，可以先进行波特率测定后确定波特率	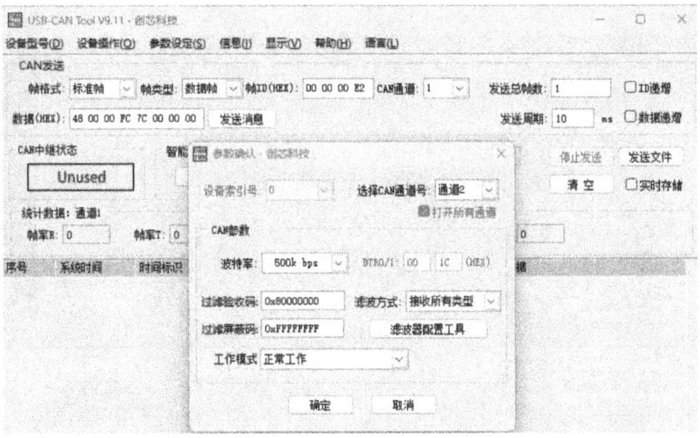
7）转向盘左转 将 ID 设置为"00 00 00 E2"，周期设置为 10ms，如果发送数据"48 00 00 03 84 00 00 00"，则看到转向盘向左旋转 90°	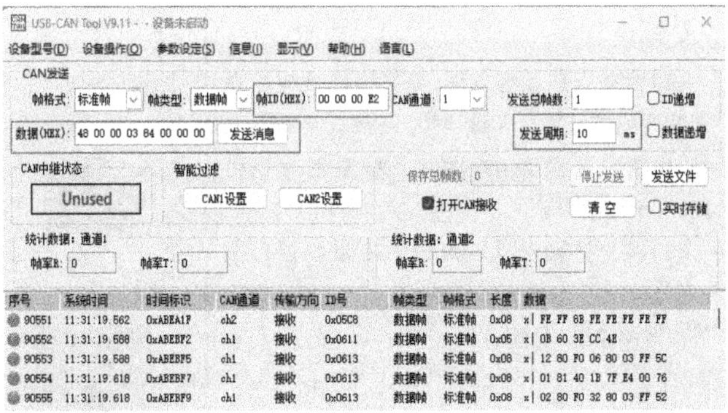
8）转向盘右转 将 ID 设置为"00 00 00 E2"，周期设置为 10ms，如果发送数据"48 00 00 FC 7C 00 00 00"，则看到转向盘向右旋转 90°	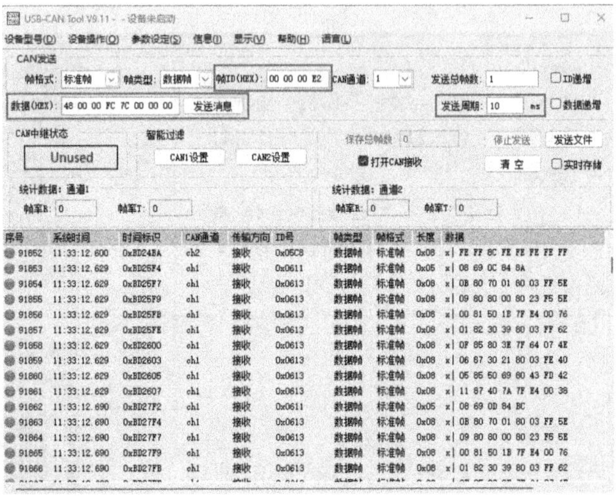

二、技能考核标准

技能考核标准见表 4-7。

技能考核标准 表4-7

序号	项目	评价内容	评价分值	学生自评	学生互评	教师评价
1	时间要求	能按照规定时间完成任务	5			
2	质量要求	工作计划制订合理	15			
3		认真查阅资料,按流程操作	15			
4		力矩规格、参数输入准确	15			
5		车辆及系统运行可靠	10			
6		能进一步完善工作计划	5			
7	安全意识	穿工服、绝缘鞋、佩戴安全帽、绝缘手套、护目镜等防护用品	5			
8		注重车辆防护	5			
9		杜绝安全隐患	10			
10	环保意识	工具、废弃物及时处理	5			
11		注重环境卫生保持与清洁	5			
12	职业精神	一丝不苟、追求卓越	5			
		合计	100			

思考与练习

一、判断题

1. 齿轮齿条式转向器有结构简单、转向灵敏度高、转向阻力小、方便定期维护等诸多优点。( )
2. 动力转向装置的作用是使驾驶人转向更轻便。( )
3. 动力转向系统是在机械转向系统的基础上发展而来的。( )
4. 机械转向装置分为转向操纵机构、转向器、转向调整机构三大部分。( )
5. 电机是电动助力转向系统的关键部件,其作用是给转向系提供辅助转向动力。( )
6. 电动助力转向系统因为过于灵敏,有一些弊端,因此,转向系统的发展趋势是液压助力转向系统将逐步取代电动助力转向系统。( )
7. 装配有电动助力转向系统的车辆转向时,控制模块根据转矩传感器、车辆速度传感器等传感器的信号以及电机的电流、电压信号,判断汽车的转向状态,向动力转向电机发出控制指令。( )
8. SBW面临安全问题,目前主流安全冗余方案为机械冗余方案、液压冗余方案、双电机冗余方案。( )
9. SBW技术发展已经饱和,研发空间小。( )
10. SBW由于机械解耦,通过CAN总线传输信息,因此,操作灵敏性高。( )

二、选择题

1. 下列属于转向操纵机构的部件是（　　）。
   A. 转向轴　　　B. 转向器　　　C. 转向齿条　　　D. 转向横拉杆

2. 能够起到吸收冲击能量、保护驾驶人安全的部件是（　　）。
   A. 万向节　　　B. 转向直拉杆　　　C. 转向节臂　　　D. 转向柱

3. 不属于液压动力转向装置组成部件的是（　　）。
   A. 转向动力缸　　　B. 转向控制阀　　　C. 横向稳定杆　　　D. 液压管路

4. 不属于电动助力转向系统电机助力施加位置的是（　　）。
   A. 转向柱　　　B. 转向器　　　C. 转向齿条　　　D. 转向横拉杆

5. （　　）的作用是感知驾驶人的转向意图，并反馈给动力转向控制模块，给动力转向控制模块控制动力转向电动机电流提供参数信号。
   A. 螺旋线束　　　B. 转向电机　　　C. 转矩传感器　　　D. 轮速传感器

6. 动力转向模块通常安装在（　　）。
   A. 转向柱上　　　B. 转向电机中　　　C. 转向器上　　　D. 蓄电池旁

7. 通过 GMLAN 给电动助力转向系统提供的信号是（　　）。
   A. 电机转动信号　　　B. 转矩信号　　　C. 车速信号　　　D. 碰撞信号

8. 电动助力转向系统通过（　　）与整车控制器 VCU 通信。
   A. CAN 总线　　　B. LIN 总线　　　C. MOST 总线　　　D. FLEXRAY 总线

9. 在线控转向系统中关于传感器的说法正确的选项是（　　）。
   A. 仅有转角传感器　　　B. 仅有转矩传感器
   C. 转角传感器和转矩传感器都有

10. 目前，市场对于 SBW 安全冗余方案，不包括以下哪个方案（　　）。
    A. 机械冗余方案　　B. 液压冗余方案　　C. 双电机冗余方案　　D. 双电源冗余方案

模块五

智能汽车制动系统装配与检查

学习目标

❖ 知识目标

1. 了解制动系统组成、功用、分类和工作原理；
2. 熟悉制动器的构造、分类和工作原理；
3. 熟悉线控制动系统结构、原理、应用及特点。

❖ 技能目标

1. 能够熟练在实车上对盘式制动器、鼓式制动器和线控制动系统进行拆装；
2. 能够按规范检查制动系统主要部件装配情况，检查线控制动系统线路问题。

❖ 素养目标

1. 养成良好的学习习惯，提升自主学习能力；
2. 具有团队合作意识和良好的语言表达能力。

建议课时

12 课时

一 行车制动系统

(一) 什么是制动系统

汽车制动系统俗称"刹车",使汽车减速、停车是其最基本的功能。以一定速度行驶的汽车,具有一定的动能,要使它减速或停车,路面必须强制地对汽车车轮产生一个阻止汽车行驶的力——制动力,这个力的方向与汽车行驶方向相反。制动就是将汽车的动能强制地转化为热能,扩散于大气中。

制动的一般原理是在汽车的高速轴上固定一个轮或盘,在车架上安装与之相适应的闸瓦、带或盘,在外力作用下使之产生制动力矩。汽车的制动效果只能通过与其行驶方向相反的外部作用力来实现,而这些外力的大小具有随机性、不可控性。为此,汽车上必须安装专门的装置系统,以确保上述功能的实现。

(二) 制动系统功用

制动系统的功用如下。
(1) 强制减速或停车控制:根据驾驶需求,对行驶中的车辆实施减速或完全停止。
(2) 坡道速度维持:在下坡路段保持车速稳定,避免加速。
(3) 驻车稳定:确保车辆在不同路况(含坡道)停驻时不会发生滑移。

(三) 制动系统基本组成

现代汽车通常配备多套相互独立的制动系统,尽管这些系统在车辆运行的不同阶段发挥作用,但其基本结构设计却遵循相似的原理。制动系统一般由供能装置(真空助力器或人力)、控制装置(制动踏板)、传动装置(制动主缸、制动轮缸和制动油管)和制动器(盘式制动器或鼓式制动器)4个部分组成,如图5-1所示。

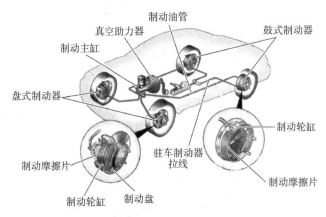

图 5-1 汽车制动系统基本结构

（1）供能装置。制动系统中提供调控制动能量,并优化传能介质工作状态的功能组件总成,如真空助力器、气压制动系中的空气压缩机、液压制动系中的人力等。

（2）控制装置。引发制动动作以及调控制动成效的部件共同构成控制装置,典型代表为制动踏板机构、制动组合阀等。

（3）传动装置。将驾驶人及其他动力源施加的力传递至制动器,同时精确调控制动器的工作状态,实现预定制动力矩生成的各类组件。这些组件包括将制动能量传递至制动器的不同部分,例如制动主缸、制动轮缸和制动管路等。

制动系统的基本组成

（4）制动器。作为车辆制动系统的关键组成部分,其核心作用在于产生能够阻碍车辆的运动或运动趋势的制动力。一个较为完善的制动系统还包括制动力调节装置、报警装置以及压力保护装置等辅助装置。

（四）制动系统分类

1. 按功用分

制动系统按功用不同,可分为行车制动系统、驻车制动系统、第二制动系统和辅助制动系统。

（1）行车制动系统是由驾驶人用脚来操纵的,因此也被形象地称为"脚刹"。它的主要功能是实现行驶车辆的按需减速或确保紧急情况下的最短距离停车。

（2）驻车制动系统俗称"手刹",是汽车制动系统的重要组成部分。与行车制动系统不同,驻车制动系统通过驾驶人手动操作(拉杆或按钮)实现,主要用于保持停驶车辆的静止状态和防止驻车工况下的意外移动。

（3）第二制动系统即在行车制动系统失效的情况下,保证汽车仍能实现减速或停车的一套装置。许多国家在相关法规中规定,第二制动系统也是汽车必须具备的。

（4）辅助制动系统是针对那些常在山区路段行驶以及具有特定用途的车辆而增设的,为了提高行车过程中的安全性,同时减轻行车制动系统因长时间工作而出现的性能衰退状况并降低制动器的损耗,该系统采用了多种不同形式的辅助制动装置,使车辆在下坡时稳定其速度。

2. 按操纵制动系统的能源分

依据操纵能源的不同,制动系统可分为人力制动统、动力制动系统及伺服制动系统。

（1）人力制动系统是仅依靠驾驶人的肢体施力作为制动能量来源的纯机械制动方案。

（2）动力制动系统是指利用发动机的动力,通过气压或液压的方式将动能转化为势能,从而实现制动的系统。

（3）伺服制动系统是一种综合运用人力与发动机动力来执行制动操作的制动系统。

3. 按制动回路分

制动系统按制动回路多少不同,分为单回路制动系和双回路制动系。

4. 按制动能量传输方式分

制动系统按制动能量传输方式不同,分为机械式制动系统、液压式制动系统、气压式制动系统、电磁式制动系统和组合式制动系统。

制动系统的分类

(五)制动装置基本结构与工作原理

1. 基本结构

制动系统的工作原理就是将汽车的动能通过摩擦转换成热能,汽车制动系统有两种,一种是液压制动,一种是气压制动。图 5-2 所示是鼓式制动装置的基本结构,它的车轮制动器的主要组成部分包括固定部分、旋转部分、定位调整机构以及张开机构。旋转部分是一个以内圆面为工作表面的金属制动鼓 8 固定在车轮轮毂上,随车轮一同旋转。在固定不动的制动底板 11 上,有两个支承销 12,支承着两个弧形制动蹄 10 的下端,制动蹄的外圆面上装有摩擦片 9。制动底板上还装有液压制动轮缸 6,用油管 5 与装在车架上的液压制动主缸 4 相连通。制动主缸中的活塞 3 可由驾驶人通过制动踏板 1 来操纵。

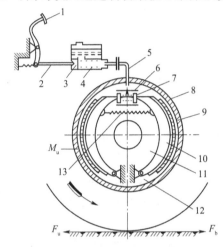

图 5-2 制动装置的基本结构

1-制动踏板;2-主缸推杆;3-主缸活塞;4-制动主缸;5-制动管路;6-制动轮缸;7-轮缸活塞;8-制动鼓;9-摩擦片;10-制动蹄;11-制动底板;12-支承销;13-制动蹄复位弹簧

2. 工作原理

当制动系统不工作时,制动摩擦片的外圆面与制动鼓的内圆面之间保持恰当间隙,以此保障车轮和制动鼓能够自由旋转。当需要使行驶中的汽车减速或停车时,驾驶人踩下制动踏板 1,此动作会带动主缸推杆 2 移动,进而推动主缸活塞 3 在制动主缸内运动,使主缸内的制动液在一定压力下经由制动管路流入制动轮缸,并通过两个轮缸活塞 7 推动两制动蹄绕支承销转动。转动过程中,制动蹄上端向外分开,而摩擦片紧紧压在制动鼓的内圆面上。此时,原不旋转的制动蹄就对旋转着的制动鼓施加了一个摩擦力矩 M_μ,其方向与车轮旋转方向恰好相反。制动鼓将该力矩 M_μ 传到车轮上。由于车轮与路面间存在附着作用,车轮会对路面施加一个向前的周缘力 F_a,根据牛顿第三定律,力的作用是相互的,路面也会对车轮施加一个大小相等、方向相反的反作用力 F_b(通常称为制动力)。制动力 F_b 由车轮经车桥和悬架传给车架及车身,迫使整个汽车产生一定的减速度。制动力越大,则汽车减速度也越大。当松开制动踏板时,制动蹄复位弹簧 13 将制动蹄拉回原位,摩擦力矩 M_μ 和制动力 F_b 消失,从而解除制动作用。

显然,阻碍汽车运动的制动力 F_b 不仅取决于制动力矩 M_μ,还取决于轮胎与路面间的附着条件。如果完全丧失附着,则这种制动系统事实上不可能产生制动的效果。在讨论制动系统的结构问题时,一般都假定具备良好的附着条件。

(六)对制动系统的要求

为保证汽车在安全前提下发挥高速行驶的能力,制动系统必须满足以下关键要求。

(1)良好的制动效能。具有迅速减速直至停车的能力,制动效能评价指标有:最大制动力、制动减速度、制动距离和制动时间。

(2)操纵轻便。操纵制动系统所需的力不应过大,以减少驾驶疲劳。

(3)良好的制动方向稳定性。制动时,前、后车轮制动力分配合理,左、右车轮上的制动力矩基本相等,使汽车制动过程中不跑偏、不甩尾。

(4)良好的制动平顺性。制动力矩能迅速而平稳地增加,也能迅速而彻底地解除。

(5)良好的散热性。连续制动时,制动鼓和制动蹄上的摩擦片因高温引起的摩擦系数下降要小;水湿后制动力恢复要快。

(6)对挂车的制动系统,还要求挂车的制动作用略早于主车;挂车自行脱挂时能自动进行应急制动。

(七)制动器与制动传动装置

1. 车轮制动器

车轮制动器是指旋转元件固装在车轮或半轴上,能够直接将制动力矩分别施加于车辆两侧车轮上的装置。根据摩擦副中旋转元件的结构形式不同,汽车上所用的车轮制动器可分为鼓式制动器和盘式制动器两种,如图 5-3 所示。它们的区别在于鼓式制动器的摩擦副中旋转元件为空心圆柱状的制动鼓,其工作表面为圆柱面;盘式制动器的旋转元件则为圆盘状的制动盘,以端面为工作表面。

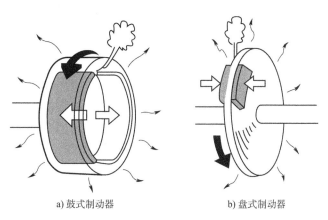

a) 鼓式制动器   b) 盘式制动器

图 5-3 制动器的类型

1) 鼓式制动器

鼓式制动器一般由旋转部分、固定部分、促动装置和定位调整装置组成。

鼓式制动器的组成

旋转部分为制动鼓,通常是一种空心圆柱形的浇铸零件,位于车轮内部,与车轮一起旋转,如图5-4a)所示。

固定部分包括制动底板和制动蹄。制动底板固装在车桥的凸缘盘上,两制动蹄与通过制动底板下端的偏心支承销作动配合。制动蹄常用钢板冲压后焊接而成或由铸铁或轻合金浇铸,采用T形截面,以增大刚度,摩擦片采用粘接或铆接的方式固定于制动蹄的外圆面上,如图5-4b)所示。

a) 制动鼓　　　　　　　　　b) 制动蹄

图5-4　制动鼓和制动蹄

促动装置的作用是对制动蹄施加力使其向外张开。常用的促动装置有气压制动的凸轮式和液压制动的轮缸式,如图5-5所示。

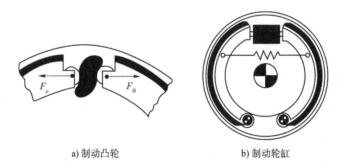

a) 制动凸轮　　　　　　　　　b) 制动轮缸

图5-5　促动装置

根据制动过程中两制动蹄产生制动力矩的不同,鼓式制动器可分为领从蹄式制动器、单向双领蹄式制动器、双向双领蹄式制动器和双向自动增力式制动器等几种类型。

(1) 领从蹄式制动器。

领从蹄式制动器如图5-6所示,汽车前进时制动鼓的旋转方向如箭头所示。在制动过程中,两制动蹄在相等的促动力 F_S 作用下,分别绕各自的支承点向外偏转紧压在制动鼓上。在制动过程中,处于同时旋转状态的制动鼓分别对两蹄施加法向反力 N_1 和 N_2,以及与之相应的切向反力 T_1 和 T_2。作用的结果使得制动蹄1在制动鼓上压得更紧,则 N_1 变得更大,这种情况称为"增势"作用,相应的制动蹄被称为"领蹄";与此相反,T_2 作用的结果则使得制动蹄2有放松制动鼓趋势,即 N_2 和 T_2 有减小的趋势。这种情况称为"减势"作用,相应的制动蹄被称为"从蹄"。

虽然制动蹄(领蹄、从蹄)所受的促动力相等,但由于 T_1 和 T_2 的作用方向相反,使得两制动蹄所受到的法向反力 N_1 和 N_2 不相等且 $N_1 > N_2$,相应地,$T_1 > T_2$。所以,制动蹄作用到制动鼓上的法向力不相等,两制动蹄对制动鼓所施加的制动力矩也不相等,增势蹄的制动力矩为减势蹄制动力矩的2~2.5倍。像领从蹄式制动器这样,制动鼓受来自两制动蹄的法向力不能互相平衡的制动器称为非平衡式制动器,不平衡的法向作用力只能由车轮的轮毂轴承来承担,这样对轮毂轴承造成了附加径向载荷,轴承的寿命缩短。

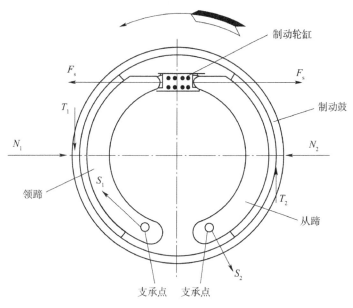

图 5-6　领从蹄式制动器

(2) 单向双领蹄式制动器。

在制动鼓正向旋转时,两制动蹄均为领蹄的制动器称为双领蹄式制动器,其结构示意如图 5-7 所示。

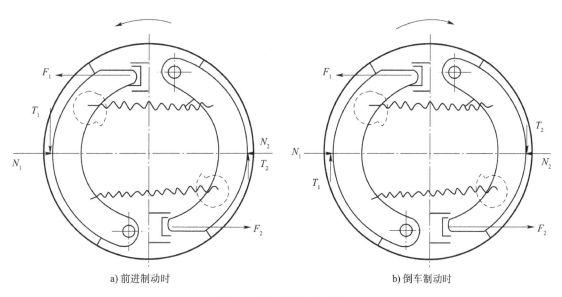

a) 前进制动时　　　　　　　　b) 倒车制动时

图 5-7　单向双领蹄式制动器

单向双领蹄式制动器与领从蹄式制动器在结构上主要有两点不相同。一是单向双领蹄式制动器的两制动蹄各用一个单活塞式轮缸,对于领从蹄式制动器,其两制动蹄共用一个双活塞式轮缸的结构形式;二是单向双领蹄式制动器在制动底板上的布置具有中心对称性,具体表现为两套制动蹄、制动轮缸、支承销的布置呈中心对称关系。而领从蹄式制动器中的制动蹄、制动轮缸、支承销在制动底板上的布置是轴对称布置的。在汽车前进时，单向双领蹄式制动器的两制动蹄均为领蹄，但在倒车时，两制动蹄均变为从蹄。由此可见，这种双领蹄式制动器具有单向作用，在前进时制动效能好，倒车时制动效能大大下降，且不便安装驻车制动器，故一般不用作后轮制动器。但两制动蹄摩擦片受力相同，磨损均匀，且制动蹄摩擦片作用于制动鼓的力量是平衡的，即单向双领蹄制动器属于平衡式制动器。

（3）双向双领蹄式制动器。

双向双领蹄式制动器的结构特点是制动底盘上的固定元件制动蹄、制动轮缸、复位弹簧均是成对的，而且既按轴对称、又按中心对称布置。两制动蹄的两端采用浮式支承，且支点在周向位置浮动，用复位弹簧拉紧，如图 5-8 所示。其性能特点是汽车前进或倒车中制动时，两个制动蹄均为领蹄，均有较强的增力，制动效果好，蹄片磨损均匀。

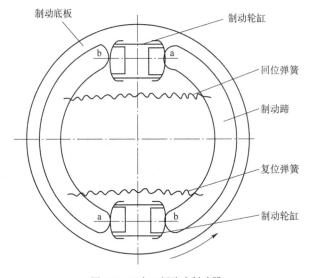

图 5-8 双向双领蹄式制动器

（4）双向自动增力式制动器。

将两制动蹄用推杆浮动铰接，利用液压张开力促动，使两蹄产生增势作用，还充分利用前蹄的增势推动后蹄，使总的摩擦力矩进一步增大，此即为自动增力。

自动增力式制动器可分为单向和双向两种。单向自动增力式制动器只在前进方向起增力作用，而在倒车制动时制动效能还不如双从蹄式制动器，已很少采用。双向自动增力式制动器在车轮正向和反向旋转时均能借助制动蹄与制动鼓的摩擦起自动增力作用。与单向自动增力式制动器相比，该制动器在结构上的显著差异在于其采用双活塞式制动轮缸。这种设计能够同时向两个制动蹄施加大小相等的促动力 F_S。下面只介绍双向自动增力式制动器结构。

双向自动增力式制动器的结构如图 5-9 所示。当车辆处于前进制动工况时，在促动力 F_S 的作用下，制动器的两个制动蹄会张开并紧密压紧制动鼓，此时，两蹄的上端均离开支承销，沿图中箭头方向旋转的制动鼓对两蹄产生摩擦力矩，带动两蹄沿旋转方向转过一个不大的角度，直到后蹄又顶靠到支承销上为止。此时，前蹄为领蹄，但其支承为浮动的推杆。制动鼓作用在前蹄的摩擦力和法向力的一部分对推杆形成一个推力 S，推杆又将此推力完全传到后蹄的下端。后蹄在推力 S 的作用下也形成领蹄,并在轮缸液压促动力 F_S 的共同作用下进一步压紧制动鼓。推力 S 比促动力 F_S 大 3 倍左右,从而使后蹄产生的制动力矩比前蹄更大。

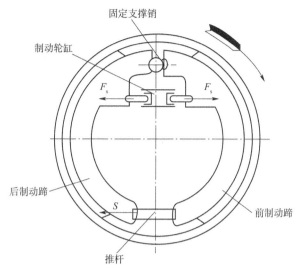

图 5-9 双向自动增力式制动器

倒车制动时,作用过程与此相反,与前进制动时具有同等的自增力作用。

2)盘式制动器

图 5-10 所示为盘式制动器的基本结构,旋转元件是与车轮固装在一起的制动盘,制动盘的端面为工作表面。固定元件是用螺栓与转向节或桥壳凸缘固装的制动钳(制动块和轮缸及活塞,它们均被安装于制动盘两侧的钳体上,总称为制动钳),盘式制动器的制动间隙用密封圈来调整。

盘式制动器的组成

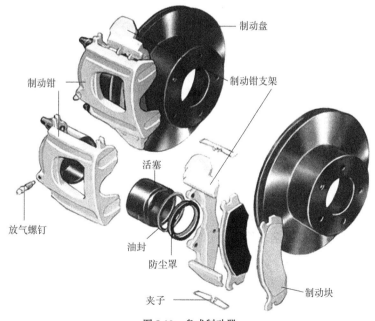

图 5-10 盘式制动器

根据卡钳的不同型式,盘式制动器可以分为定钳盘式制动器和浮钳盘式制动器。

(1)定钳盘式制动器。

图 5-11 所示为定钳盘式制动器的结构示意图。制动盘通过特定的连接方式固定在轮毂上,制动钳则以可靠的方式固定在车桥上,既不能围绕自身轴线旋转也不能沿制动盘轴向移动。制动钳内装有两个制动轮缸活塞,当驾驶人踩下制动踏板使汽车制动时,来自制动主缸的制动液被压入制动轮缸,制动轮缸的液压上升,两轮缸活塞在液压作用下带动两侧的制动块做相对运动,压紧制动盘,产生阻止车轮转动的摩擦力矩,实现制动。

定钳盘式制动器存在以下缺点:

①油缸较多,使制动钳盘结构复杂;

②油缸分置于制动盘两侧,必须用跨越制动盘的钳内油道或外部油道来连通,这必然使得制动钳的尺寸过大,难以安装在现代化轿车的轮辋内;

③热负荷大时,油缸和跨越制动盘的油管或油道中的制动液容易受热气化;

④若要兼用驻车制动,则必须加装一个机械促动的驻车制动钳。

这些缺点使得定钳盘式制动器难以适应现代汽车使用要求,故自 20 世纪 70 年代以来,其逐渐让位于浮钳盘式制动器。

(2)浮钳盘式制动器。

浮钳盘式制动器工作情况如图 5-12 所示。制动时,具有一定压力 P_1 的制动液经油道进入制动轮缸,推动活塞及其活动制动块左移,与此同时,作用在制动钳体上的反作用力 P_2 推动制动钳体沿导向销向右移动,使制动盘左、右两侧的制动块都压在制动盘上,夹住制动盘使其制动。

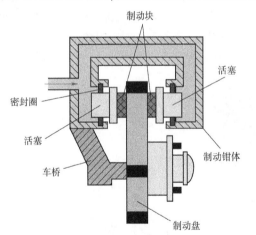

图 5-11 定钳盘式制动器结构示意

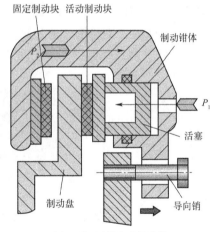

图 5-12 浮钳盘式制动器

与定钳盘式制动器相反,浮钳盘式制动器的单侧油缸结构不需要跨越制动盘的油道,不仅轴向和径向尺寸较小,有可能布置得更接近车轮轮毂,而且制动液受热气化的机会较少,因此,浮钳盘式制动器被越来越多地用在轿车和一些轻型汽车上。

3)盘式制动器与鼓式制动器对比

(1)盘式制动器的优点如下:

①盘式制动器制动盘外露,两面传热,散热能力强,热稳定性好;

②浸水后抗水衰退能力强,只需一两次制动可恢复正常;

③结构简单,摩擦片安装更换容易,维修方便;

④制动间隙小,便于设置自动调节装置;
⑤制动效能较稳定,平顺性好。
(2)盘式制动器的缺点如下:
①制动时无助势作用,故要求管路液压较高,一般需在液压传动装置中加装制动助力装置和采用较大直径的油缸;
②防污性差,制动块摩擦面积小,磨损较快;
③当兼用于驻车制动时,该系统需要增设的驻车制动传动装置比鼓式制动器的结构复杂,这在一定程度上限制了其在后轮制动系统中的广泛应用。

2. 制动传动装置

1)液压制动传动装置

液压制动传动机构是利用制动液将制动踏板力转换为油液压力,通过管路传至车轮制动器,再将油液压力转变为制动蹄张开的机械推力。其核心功用在于将驾驶人施加的作用力,或其他动力源所产生的动力,精准地传给制动器,同时,它还能对制动器的工作状态进行有效控制,从而获得所需要的制动力矩。

目前,轿车的行车制动系统都采用了液压传动装置,主要由制动主缸、液压管路、制动器中的制动轮缸等组成,如图5-13所示。

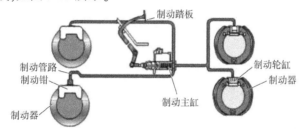

图5-13 液压传动装置示意图

双管路液压传动装置是利用两个各自独立的液压系统进行制动。在制动过程中,当一个液压系统发生故障时,另一个液压系统仍然能正常工作,因此,用双管路制动系统可提高汽车制动的可靠性及安全性。现代汽车都采用了双管路液压传动装置。

2)真空助力式液压制动传动装置

为了减轻驾驶人用于制动的力,提升驾驶安全性,现在轿车上一般采用真空助力的液压制动装置。真空助力器安装在制动踏板和制动主缸之间,利用发动机进气歧管真空或辅助真空泵产生的真空帮助驾驶人减轻用于制动的力,其结构如图5-14所示。

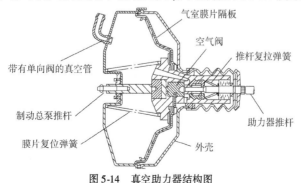

图5-14 真空助力器结构图

二、驻车制动系统

（一）驻车制动系统的功用

驻车制动的功用如下：
(1) 车辆停驶后防止汽车滑溜；
(2) 车辆在坡道上顺利起步；
(3) 当行车制动效能失效时，可临时使用该装置或与行车制动器配合进行紧急制动。

（二）驻车制动系统的分类

(1) 按在汽车上安装位置的不同，驻车制动装置分为中央制动式驻车制动器和车轮制动式驻车制动器两类。中央制动式驻车制动器安装在变速器或者分动器的后面，其制动力矩作用在传动轴上；车轮制动式和行车制动装置共用一套制动器（通常为后轮制动器），又称复合制动器，只是传动装置相互独立，由于其结构简单紧凑，已在轿车上得到普遍应用。

(2) 按结构形式不同，驻车制动器可分为鼓式驻车制动器、盘式驻车制动器、带式驻车制动器和弹簧式驻车制动器。

(3) 按操纵方式不同，驻车制动器可分为手操纵式驻车制动器和脚踏式驻车制动器。

(4) 按控制方式不同，驻车制动器可分为机械控制式驻车制动器和电子控制式驻车制动器。

1. 中央制动式驻车制动器

如图 5-15 所示，当进行制动操作时，驻车制动杆上端被向后拉动，制动杆的下端相应地向前摆动，使传动杆带动摇臂顺时针转动并牵引拉杆，拉杆则带动摆臂顺时针转动。随着摆臂转动，凸轮轴亦顺时针转动，凸轮则使两制动蹄以支承销为支点向外张开，压靠到制动鼓上而产生制动作用。当驻车制动杆被拉到制动位置时，棘爪嵌入齿扇上的棘齿内，实现锁止功能。

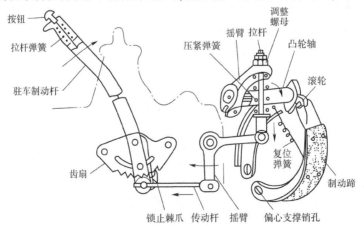

图 5-15 中央制动式驻车制动器结构图

解除制动时,向后拉动驻车操纵手柄的同时按下驻车制动杆上的按钮使棘爪脱离棘齿,然后向前推动制动杆,则传动杆、拉杆、凸轮轴按逆时针方向转动,制动蹄在复位弹簧的作用下回位,制动蹄与制动鼓间恢复制动间隙,制动解除。

2. 车轮制动式驻车制动器

(1)手操纵式驻车制动器。

如图5-16所示,制动时将操纵手柄上端向后拉,作用力通过拉索将两制动蹄张开,并压紧制动鼓产生制动作用。此时,棘爪和齿扇将操纵手柄锁止在制动位置。

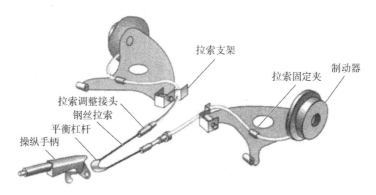

图5-16 手操纵式驻车制动器结构图

解除制动时,需按下操纵手柄上端的按钮,使下端的棘爪与齿扇脱离,随后,将制动操纵手柄推向最前端位置。在此过程中,各机件的运动方向与制动时方向相反,制动蹄与制动鼓之间的间隙逐渐恢复至初始状态,从而实现制动解除。

(2)脚踏式驻车制动器。

如图5-17所示,脚踏式驻车制动器的制动踏板位于主驾驶A柱附近。操作脚踏式驻车制动器踏板时,所施加的力通过一条拉索传送到拉杆机构上。此时,该力分配到两条制动拉索上,该拉索作用在后轮驻车制动器的操纵机构上。

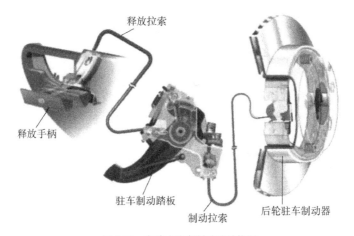

图5-17 脚踏式驻车制动器结构图

该驻车制动器是双向自增力鼓式制动器。驻车制动功能通过安装在制动鼓内的制动蹄实现。用于松开脚踏式驻车制动器的释放手柄和释放拉索集成在仪表板内。

(3)电子驻车制动器。

电子驻车制动(Electrical Park Brake,EPB)的按键标志为 P,如图 5-18a)所示,设置在挡把的旁边。电子驻车制动是指将行车过程中的临时性制动和停车后的长时性制动功能整合在一起,并且由电子控制方式实现停车制动的技术。电子驻车制动系统把传统驻车制动的拉杆变成了一个按钮,它比传统的拉杆驻车制动更安全,不会因驾驶人的力度而改变制动效果,缓解了力量不够拉不紧驻车制动手柄所带来的不便。

如图 5-18b)所示,电子驻车系统的工作原理与手动机械驻车制动系统一样,通过制动蹄摩擦片与制动轮毂或摩擦片与制动盘之间的摩擦夹紧来实现驻车,只不过控制方式由电子按钮和电动机动作来替代原来手动操作和机械连动,所以,该系统全称为电子控制式机械驻车制动系统。

 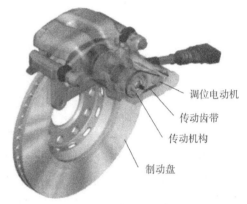

a)电子驻车制动按钮与自动驻车按钮　　　　　b)电子驻车制动执行机构

图 5-18　电子驻车制动系统

电子驻车制动系统通过内置在其电脑中的纵向加速度传感器来测算坡度,从而可以算出车辆在斜坡上由于重力而产生的下滑力,电脑通过电动机对后轮施加制动力来平衡下滑力,使车辆能停在斜坡上。当车辆起步时,电脑通过离合器踏板上的位移传感器以及加速踏板踏下的深浅来测算需要施加的制动力,同时,通过高速 CAN 与发动机电脑通信来获知发动机牵引力的大小。电脑自动计算发动机牵引力的增加,相应地减小制动力。当牵引力足够克服下滑力时,电脑驱动电动机解除制动,从而实现车辆顺畅起步。

自动驻车英文名称为 AUTOHOLD,如图 5-18a)所示,启动该功能以后,比如在停车等候信号灯的时候,就相当于不用拉驻车制动手柄了,这个功能特别适合于上下坡以及频繁起步停车的时候。

传统的驻车制动器在斜坡起步时需要依靠驾驶人通过释放驻车制动手柄或者熟练的油、离配合来起步。而自动驻车功能通过坡度传感器由控制器给出准确的驻车力。在起步时,驻车控制单元通过计算离合器距离传感器、离合器啮合速度传感器、加速踏板位置传感器等提供的信息,当驱动力大于行驶阻力时,自动释放驻车制动,从而使汽车能够平稳起步。

自动驻车功能可使车辆在等红灯或上下坡停车时自动启动四轮制动,即使是在 D 挡位或 N 挡位,驾驶人也无须一直脚踩制动踏板或使用驻车制动,车子始终处于静止状态,当需要解除静止状态,也只需轻点加速踏板即可解除制动。

三 线控制动系统

(一)什么是线控制动系统

线控制动系统(Brake-By-Wire)作为由电子控制的制动系统,其主要特征是取消了制动踏板和制动器之间的机械连接,通过踏板传感器采集驾驶人制动意图或者通过整车通信网络接收智能驾驶控制器的制动请求,将制动踏板机械信号转变为电控信号,并将信号传递给控制系统和执行机构,以电控模块来实现制动力,并根据一定的算法模拟踩踏感觉反馈给驾驶人。电线传递能量,数据线传递信号,所以,这种制动叫作线控制动。

(二)线控制动系统的分类

根据制动执行机构的不同,目前线控制动系统可以分为三种,即电子液压制动(Electro-Hydraulic Brake,EHB)系统、电子机械制动(Electro-Mechanical Brake,EMB)系统以及混合线控制动(Hybrid Brake by Wire,HBBW)系统,其中,尤以 EHB 系统发展最为成熟,目前已处于量产阶段。HBBW 系统是 EHB 系统和 EMB 系统的集合。

1. EHB 系统

EHB 系统是在传统的液压制动器基础上发展而来的,它的制动主缸和轮缸未直接连接,由电子元件进行间接连接,且由电子踏板来获取驾驶人制动的意图,是一个先进的机电一体化系统。与传统的液压制动系统相比,EHB 系统有了显著进步,其结构紧凑,改善了制动效能,控制方便可靠,制动噪声显著减小,不需要真空装置,有效减少制动踏板的"打脚"现象,提供了更好的踏板感觉。

(1)EHB 系统的组成。

EHB 系统由以下四个部分组成:制动踏板单元、液压驱动单元、制动执行单元、控制系统,如图 5-19 所示。制动踏板单元包括制动踏板、制动液罐、制动主缸、踏板行程传感器、制动踏板模拟器等,负责接收驾驶人的制动意图,生成并传递信息,为驾驶人提供合适的制动踏板反馈;液压驱动单元取代传统制动系统中的真空助力部分来驱动液压,包括布置在发动机舱内的液压调节器、制动管路、车轮制动器以及安装在蓄能器和每个车轮制动器处的压力传感器,液压驱动单元主要有"电机+减速机构"和"液压泵+高压蓄能器"两种形式;制动执行单元包括制动主缸、液压管路和制动轮缸等。这些机构与传统制动系统的结构保持一致,将推动制动主缸的推力转化成制动器的液压力,最后通过摩擦力作用在制动盘上产生相应的制动力矩;控制系统包括电子控制单元(ECU)、液压力控制单元(Hydraulic Control Unit,HCU)、液压力传感器、踏板力传感器以及踏板位移传感器等,HCU 是液压力控制的核心单元。ECU 与液压调节器集成在一起,主要通过 CAN 总线接收来自传感器信号并向液压调节器发出控制指令。

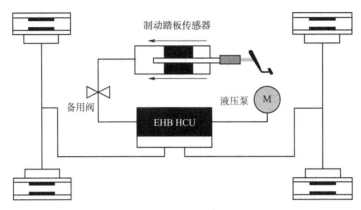

图 5-19　EHB 系统结构图

正常工作时,制动踏板与制动器之间的液压连接断开,备用阀处于关闭状态。电子踏板配有踏板感觉模拟器和电子传感器,ECU 可以通过传感器信号判断驾驶人的制动意图,并通过电机驱动液压制动泵进行制动。控制系统发生故障时,备用阀打开,EHB 系统变成传统的液压制动系统。备用系统增加了制动系统的安全性,使车辆在线控制动系统失效时还可以进行制动,但是,由于备用制动系统中仍然包含复杂的制动液传输管路,使得 EHB 并不完全包含线控制动系统产品的优点。

（2）EHB 系统的分类。

EHB 系统从集成度角度可分为 Two Box 和 One Box 两种技术方案。Two Box 是指制动系统主体包括电子助力器和电子稳定控制模块,比如博世的 iBooster + ESP。而 One Box 是指制动系统将电子助力器和 ESP 模块集成为一体,比如博世的 IPB(Integrated Power Brake)。但作为线控制动,无论是 Two Box 还是 One Box,相比较传统制动系统,都有非常优秀的性能体现。

Two Box 和 One Box 又有各自的优劣势,要评价二者优劣,必须对它们的性价比进行一次分析。One Box 较 Two Box 性能上更具优势,但目前 Two Box 安全性更有保障,而 One Box 需要看踏板调教的安全性。One Box 的集成度更高,是未来的主流方案。One Box 方案集成 ESP,需以成熟 ESP 技术为基础,Two Box 方案协调 ESP,可通过外采 ESP 降低技术难度。

Two Box 相比较 One Box 最大的优势是在 L3 级别自动驾驶工况下的制动冗余需求,抛开这一点,One Box 完胜。L2 级别自动驾驶是要驾驶人主导操作车辆的,而 L3 级别的自动驾驶则是有限条件下的自动驾驶,也就是说,它可以完全不需要驾驶人干预。但是,有的时候又必须驾驶人干预。

IPB 是博世着手针对 L3 级自动驾驶和 L4 级自动驾驶而推出,它具有最高的动力性能,有助于提高混合动力汽车和电动汽车的效率,由于采用了一体化设计,重量和复杂性都降到了最低。

关于失效处理,IPB 会比较复杂,不同的失效类型会对应不同的降级模式。比如因断电造成助力失效时,IPB 会进入机械备份模式,通往踏板感觉模拟器的电磁阀关闭,电机通往轮端的电磁阀也关闭,制动主缸主、副腔通往轮端的电磁阀打开,驾驶人踩踏板建立的压力直接传递到制动轮缸,以此实现车辆制动。

而对于更高级别自动驾驶制动系统,在任何情况下,制动都由制动系统自动完成,不在由驾驶人操作,因此,失效处理就更为棘手。博世提出了一个冗余制动单元(Redundant Brake Unit,RBU)作为 IPB 的补充。这样,IPB 作为主要的制动系统来执行绝大多数情况下的制动请求,RBU 作为 IPB 失效情况下的冗余制动代替驾驶人操作,以此进一步提高系统的可靠性。

博士 iBooster 的外形结构如图 5-20 所示。其工作原理是驾驶人踩下制动踏板,踏板移动输入推杆;踏板行程差传感器检测到输入推杆的位移,提供位移信号给电控单元;电控单元计算并控制电机产生的目标助力转矩;传动装置将该转矩转化为相应的制动力,与踏板的输入产生的输入推杆力一起作用在制动主缸,共同转化为制动器轮缸液压力,以此来实现制动。

图 5-20 博士 iBooster 外形结构

Two Box 方案,一方面既可实现制动功能又可确保操作稳定性能;另一方面两者可互为冗余,一旦 iBooster 失效,ESP 系统将接管并提供制动助力,即使两者都失效,仍然可依靠纯液压制动系统制动,这样双冗余备份方法将对智能驾驶功能的实现极具价值。

相较于 Two Box,One Box 体积和重量大大缩小,成本更低,只是由于技术问题量产时间更晚。但就目前行业来看,One Box 是目前新能源车型线控制动较为理想的解决方案。

(3)EHB 系统的特点。

①EHB 系统的优势:

a. 凭借电磁阀的控制作用,实现四轮独立和准确的压力调节,并具备快速制动响应的反馈;

b. 摒弃了复杂的真空助力装置,结构简单,便于整车合理布置;

c. 传统真空助力器在长时间制动工况下,制动性能会衰退,而 EHB 系统具备较高的可靠性,且制动性能衰退较慢;

d. EHB 系统的制动主缸前后腔出液口有断开的电磁阀,有效地切断制动主缸和制动轮缸的关联,实现二者的解耦操作,达到制动能量回收;

e. 具备出色的兼容性,能够便捷地集成 TCS、ABS、ESP 相关的辅助制动系统,并且可实现车联网通信,为车辆的智能化发展提供了有力支持;

f. 配置的踏板模拟器具有良好的制动感觉,为驾驶人提供优质的制动感觉体验,实现了人力制动与助力制动的有效解耦,进而达成主动制动功能;

g. 具备失效备份功能,当系统出现故障时,可确保车辆实现制动停车。

②EHB 系统的不足:

a. 借助高压蓄能器来提供制动力,液压泵为蓄能器补充液压力的时间长,在连续制动这样长时间的制动工况下,会出现蓄能器压力供给的不足问题;

b. 管路繁杂,不便于布置,而且后轴的管路太长,其制动响应具有滞后性。

2. EMB 系统

EMB 系统完全摒弃了传统制动系统的制动液及液压管路等部件,制动力矩完全是通过安装在 4 个轮胎上的由电机驱动的执行机构产生,是真正意义上的线控制动系统。由于相应可以取消很多现有部件,因此,可以大大地减轻系统的质量,便于对车辆底盘进行综合主动控制。其突出的优点是:不需要制动管路,从而降低了制造成本和安装布置的难度;制动效能得到了提高,性能稳定;不需要制动液,降低了成本并且保护环境;便于融入车辆综合控制的网络中(CAN 总线);由于减少了部件数,降低了对空间的占用;由于制动踏板只提供参考输入,不直接作用于制动系统之上,便于改善踏板性能。

EMB 系统主要由以下 3 个部分构成:执行机构、中央控制器(以电子控制单元为核心)和制动踏板模块(由制动踏板处的踏板位移传感器和踏板力模拟器构成),如图 5-21 所示。汽车在运行过程中,驾驶人要通过踏动制动实施制动;整个过程中踏板位移传感器感知踏板位置和变化速度等信息,并迅速将所获得的信号传递给制动控制器,控制器根据此信号判断出驾驶人的制动意图,同时综合其他传感器获得的外界和汽车当前所处状态,实时地计算各个车轮所需的最优制动力,来驱动电机做出正确动作。EMB 执行机构是将电机的转矩转化为制动垫块与制动盘间的夹紧力,从而实现各车轮的制动。

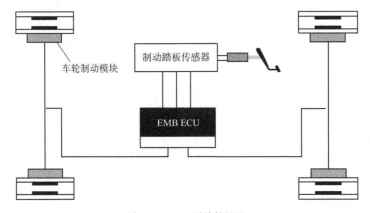

图 5-21 EMB 系统结构图

(1) EMB 系统的优势。

①取消繁杂的蓄能器、液压管路、液压泵等液压部件,由于可回收利用,其环保价值极高;

②模块化程度高,机械结构简单,而且体积小,这样便于汽车的空间布置;
③便于集成电子驻车制动系统 EPB;
④去除有潜在环境污染的制动液后,满足环保的理念;
⑤作为纯机电一体化系统,其具备精确的控制能力,高灵敏度以及快速的响应特性,可实现对四轮施加准确制动力;
⑥能够达到长时间制动效果,制动的性能稳定且可靠。

(2) EMB 系统的不足。
①电机作为关键执行部件,特别是前轴电机,它需提供较大的驱动力,存在长时间电机堵转的工况,这对电机性能的要求较高,一般需车载 42V 电源才能满足其功率的要求;
②需额外的制动失效备份机构,使系统的复杂程度进一步提升;
③需四套执行机构,其成本比较高。

3. HBBW 系统

由于 EHB 系统液压管路复杂且难以集成驻车制动,而 EMB 很难满足失效备份的需求,所以产生了一种前轴采用 EHB、后轴采用 EMB 的混合线控制动系统(Hybrid Brake by Wire System,HBBW),如图 5-22 所示。将两种制动系统结合应用,可有效发挥两种制动系统的优势。前轮采用 EHB 系统可实现前轮单轮制动力调节,同时靠装于前轴的 EHB 实现制动失效备份以满足现行法规要求,后轮采用 EMB 可缩减制动管路的长度,消除压力控制过程中由于管路过长带来的不确定性,同时能够方便地实现 EPB。

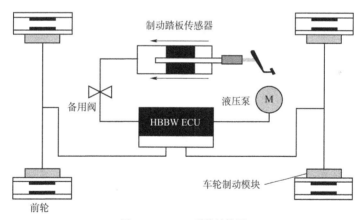

图 5-22　HBBW 系统结构图

HBBW 系统工作流程如下:

(1)驾驶人踩下制动踏板,制动主缸中的制动液进入踏板感觉模拟器形成与传统制动系统相同的踏板感觉;

(2) HBBW ECU 采集制动踏板位移传感器和制动主缸压力等信息识别驾驶人的制动意图,根据前后轮理想制动力分配曲线给出前后轮制动力;

(3)前轮制动由 EHB 系统实现,EHB 控制器被集成在 HBBW ECU 中,它控制电动泵抽取储液罐中的制动液,向高压蓄能器注入制动液作为高压压力源,通过电磁阀控制制动液流入、流出制动器实现压力跟随;

(4)后轮制动由 EMB 实现,HBBW ECU 通过 CAN 向 EMB ECU 发出制动力控制指令,

EMB ECU 作为底层控制器驱动 EMB 执行器实现后轮制动力控制；

（5）在 HBBW ECU 中，还可集成 EBD 或 ABS 或 ESP 等控制算法。当系统失效时，启动制动失效备份。后轮 EMB 不再工作，前轮 EHB 恢复电磁阀初始状态，踏板感觉模拟器前端电磁阀和增减压电磁阀关闭，两隔离阀打开，电机不再工作。驾驶人通过制动踏板经制动主缸直接作用于前轮制动轮缸形成制动力，实现制动。

> **拓展阅读**
>
> ## 制动能量回收
>
> 电动汽车（指混合动力汽车、纯电动汽车和增程式电动汽车）制动能量回收（Braking Energy Recovery System）是指在车辆减速或制动或惯性滑行中释放出的多余能量，在保证制动效能的前提下，使驱动电机被控制于发电机工况，通过与驱动轴相连的能量转换装置把车辆的一部分机械能（动能或位能）转化为其他形式的能量（电能）并储存在储能装置（各种蓄电池、超级电容、超高速飞轮或者它们之间的复合）中并加以利用于之后的加速行驶，使用时可迅速将能力释放，达到回收制动能量目标的一种技术，以延长或增加电动汽车续驶里程，同时施加电机回馈转矩于驱动轴，对车辆进行制动。
>
> 电动汽车制动能量回收系统主要是由制动系统、整车控制系统、供能系统、储能系统、能量传递系统控制器和制动能量回收系统等主要部件组成。
>
> **1. 制动系统**
>
> 制动系统主要由两部分组成：电机制动能量回收部分和传统液压摩擦制动部分，所以，可以视为机电复合制动系统（液压混合制动系统）。混合制动机构按照两者作用的方式可以分为串联制动模式和并联制动模式。
>
> 电动汽车的制动系统为双回路液压制动系统 + 电动真空助力 + 电机再生制动。制动助力采用电动真空助力，保证踏板力符合习惯大小，同时具有一定的制动脚感。制动过程中，制动控制器根据制动踏板的开度（实际为主缸压力），判断整车的制动强度，确定相应的摩擦制动和再生制动的分配关系。如只在前轮上进行制动能量回收，前轮上的总制动力矩大小等于电机产生的再生制动力矩与机械制动系统产生的摩擦制动力矩之和。
>
> **2. 整车控制系统**
>
> 整车控制系统是车辆的核心控制部分，整合蓄电池控制元件，控制发动机和 KERS 系统。既要对驾驶人的操纵意图进行识别和判断，又要对整车运行时的关键参数进行监测和控制，同时，还要对整车的能量需求进行管理和协调。整车控制器协调制动控制器和电机控制器的工作，可通过各种传感器对动力蓄电池、驱动电机进行监控并及时反馈信息，并通过电功率表、转速表和温度表等仪表进行显示。
>
> **3. 供能系统**
>
> 电动汽车使用直流、感应、永磁同步和开关磁阻电机，其中永磁同步电机应用最广泛。电机收集能量时扮演发电机，释放能量切换至电动机模式。当电动汽车减速时，车轮带动驱

动电机转动,电机成为交流发电机而产生电流,通过电机控制器将交流电整流为直流电给动力蓄电池组充电(制动再生能量)。电机的发电效率对制动能量回收有很大影响。作为制动转矩输出端,电机特性对再生制动影响很大,再生制动最大力矩受电机外特性约束,且不同电机转速转矩组合对应不同的转换效率,直接影响再生制动力和回收效率。作为再生制动系统的关键部件,电机的制动能力越好,就可在分配再生制动力与机械制动力时提高再生制动力比例,提高制动能量回收效果。

4. 储能系统

制动要求储能装置高功率充放且快速切换。电动汽车蓄能器通常是根据电动汽车要求的不同而选择,可能是蓄电池、飞轮蓄电池、超级电容器或者为多种方式的组合。车载储能装置的影响对再生制动有很大的影响,决定再生制动能量回收的最为关键的因素就是车载储能装置的特性及其所剩余储存的能量的多少。

电动汽车的关键部件是动力蓄电池,电动汽车回收的制动能量转化为动力蓄电池储存的电能,为车内耗电设备供电,降低对发动机的依赖、发动机油耗及二氧化碳排放。该储能方式存在功率密度低,充放电频率小,不能迅速转化所吸收的大量能量的缺点,而车辆在制动或起动时,需要迅速得到或释放大量能量,这使储能蓄电池的应用受到很大限制。蓄电池寿命短、回收难、价格高,但基于目前的技术水平,还难以找到替代品。

5. 能量传递系统

能量回收路径按照转换形式分为:车轮—半轴—机械传动构成的机械能传递系统;电机—电机控制器—逆变器组成的电能传递系统;蓄电池及充电装置构成的化学储能系统。机械传递效率、电能传递效率和蓄电池充放电效率及能量转换效率都会对能量回收产生影响。

6. 制动能量回收

(1)原理:EV 及 HEV 因为有较大功率的电动机,可以在滑行及刹车时,利用电机的反向力矩,产生反拖力/制动力(电制动),同时电机发电给蓄电池充电,相对于传统汽车把动能转化成热能消耗点,EV 和 HEV 把这部分能量进行了部分回收,转化成化学能储存。

(2)原理不复杂,但实际实现中要考虑的情况就太复杂了,涉及的控制逻辑更是多种多样。

①涉及的硬件:控制器(主要有整车控制器,蓄电池管理模块,电机控制单元,HEV 还有发动机和变速器控制单元,以及 ESP 模块等),执行器(发动机,变速器,蓄电池,电机,ESP 等),传感器(各种电压,电流,温度传感器等)。

②实现的方式:控制器里可以根据驾驶人的驾驶工况(当前车速;蓄电池状态 SOC、温度;驾驶人操作如踩加速踏板、滑行、踩制动踏板等),以及能量转化效率,来决定:要不要进行电机制动/能量回收;制动力大小/能量回收强弱;结合自适应巡航功能(ACC)、前车距离之后怎么调整制动力;与制动系统(如 ABS、AEB 等)的配合;什么时候停止制动。

> 对于 EV,要既要照顾驾驶人驾驶感受,也要考虑蓄电池的感受,再来决定制动能量回收怎么弄;对于 HEV,还要考虑发动机的油耗,电机与发动机的匹配,以及转矩协调问题。
>
> 电动车的制动能量回收是提高电动车能量利用率、改善汽车燃油经济性的有效措施之一,使得其具有传统汽车无法比拟的优势:不仅能够提高能量利用率,把原本会被浪费掉的能量合理地利用起来延长了汽车的续驶里程,同时改善了车辆在起步时动力较弱的问题,而且可以减少基础制动系统的消耗磨损和制动热量,降低噪声,缓解热衰退,从而优化汽车的制动性能,提高制动稳定性,增加制动器使用寿命,改善了整车动力学的控制性能;减少高压蓄电池对发动机的依赖,从而降低油耗,提高发动机效率,减少二氧化碳排放,对汽车的节能和环保有着不可替代的作用;保证制动和踏板感觉与普通燃油车无异,安全性更高。因此,研究制动能量回收技术具有重要意义。

技能实训

一、制动系统关键部件的拆装

(一) 盘式制动器拆装

1. 准备工作

1) 任务要求

(1) 熟悉制动钳体、制动盘、制动块、活塞等部件装配位置关系;

(2) 熟练盘式制动器总成的拆装;

(3) 能够查阅装配资料,按照规范流程、标准力矩装配。

2) 组织方式

(1) 学生自主查阅学习资料,熟悉盘式制动器的整体结构、拧紧力矩、拆装流程,将拆装流程及注意事项记录下来;

(2) 以小组为单位,结合学习资料讨论盘式制动器拆装流程,统一意见,最终制订 1 套盘式制动器拆装标准流程;

(3) 在教师的引导下,以小组为单位准备工具,完成实操任务,每组 3~6 人,其中,1 人担任组长,1~2 人担任操作员,1 人担任记录员,1 人担任安全员,1 人担任质检员,如人员较少,部分职责可兼任;

(4) 修正盘式制动器拆装流程,分组展示。

3) 实施准备

(1) 安全要求及注意事项。学员进入实训区务必穿工服,严格遵守实训区安全作业规程,严禁非专业人员或无实训教师在场的情况下私自操纵举升机、带电设备。

(2) 场地设施。满足理论及实践教学的工学一体化教学及实训场地。

（3）工具设备或耗材。汽车盘式制动器拆装技能实训的工具设备或耗材见表 5-1。

汽车盘式制动器拆装技能实训的工具设备或耗材 表 5-1

名称及数量	对应图片
科鲁兹实训轿车 1 辆	
举升机 1 台	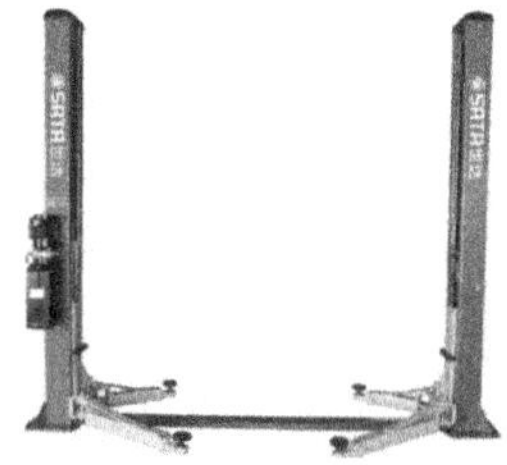
工具箱 1 套	
大号、中号、小号扭力扳手各 1 把	

续上表

名称及数量	对应图片
EN-45059	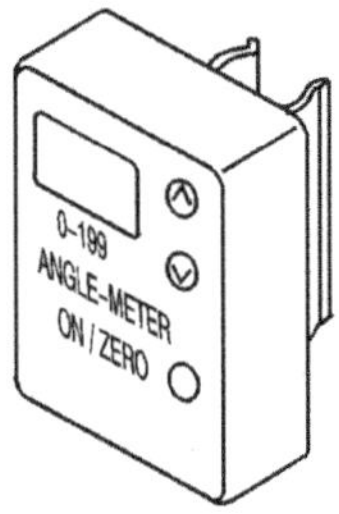
CH-6007-B	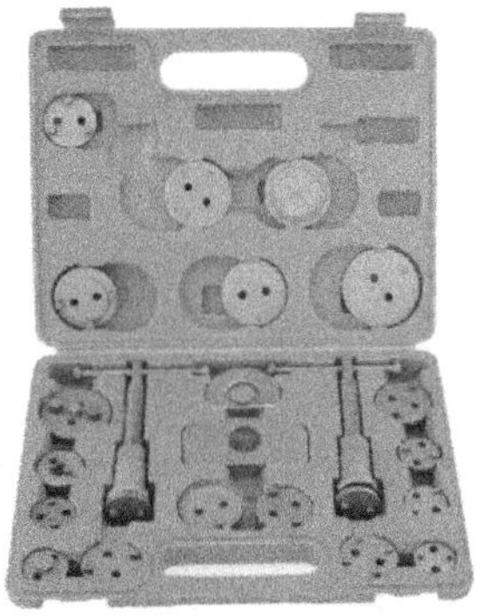

2. 实施步骤

汽车盘式制动器拆装技能实训的实施步骤见表5-2。

汽车盘式制动器拆装技能实训的实施步骤　　　　表5-2

操作步骤	参考图片
1）拆卸制动片准备工作 （1）检查制动储液罐中的液位； （2）如果制动液液位处于最满标记和最低允许液位之间的中间位置，则在开始本程序前不必排出制动液； （3）如果制动液液位高于最满标记和最低允许液位之间的中间位置，则在开始前应将制动液排出至中间位置	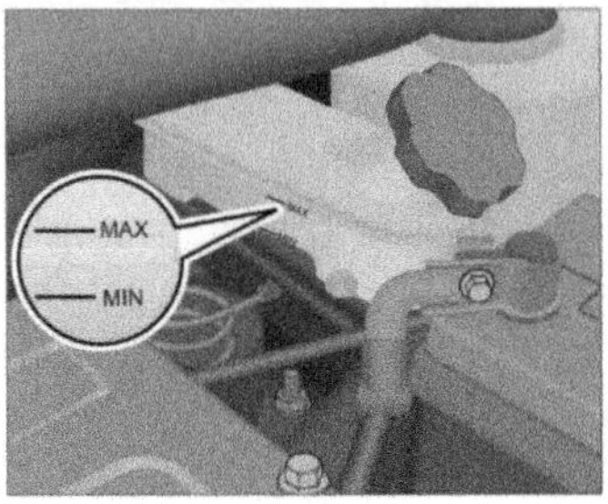
2）拆卸车轮总成 （1）举升和顶起车辆； （2）拆下车轮固定螺栓1和取下车轮总成2	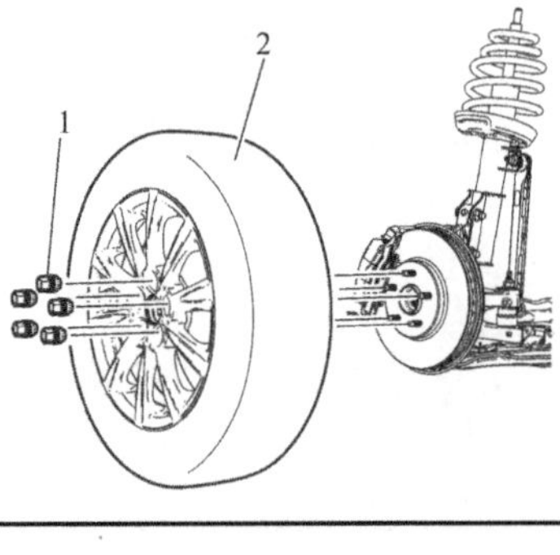

续上表

操作步骤	参考图片
3)拆卸制动钳 (1)拆下制动钳下导销螺栓2; (2)不断开液压制动器挠性软管,向上转动制动钳1,并用粗钢丝或同等工具固定制动钳	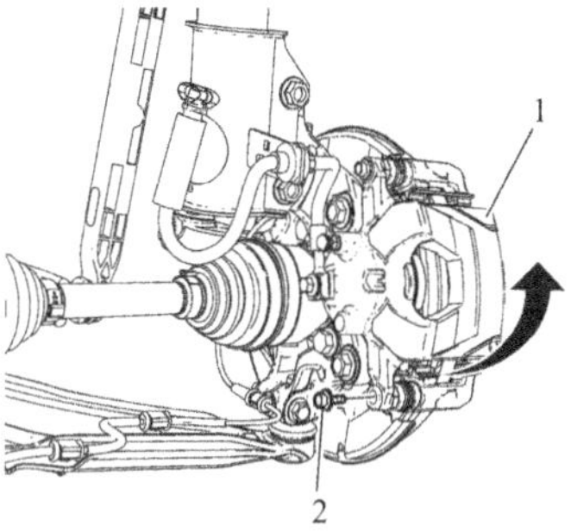
4)拆卸制动片 将制动片1从制动钳安装托架上拆下	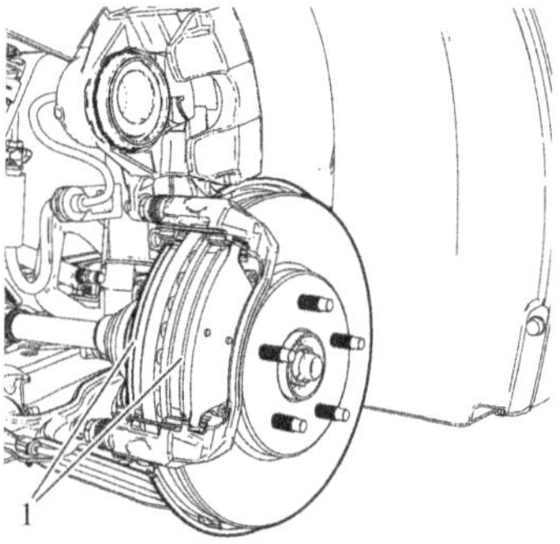
5)复位制动钳活塞 使用安装工具将盘式制动器制动钳活塞1推入制动钳孔中	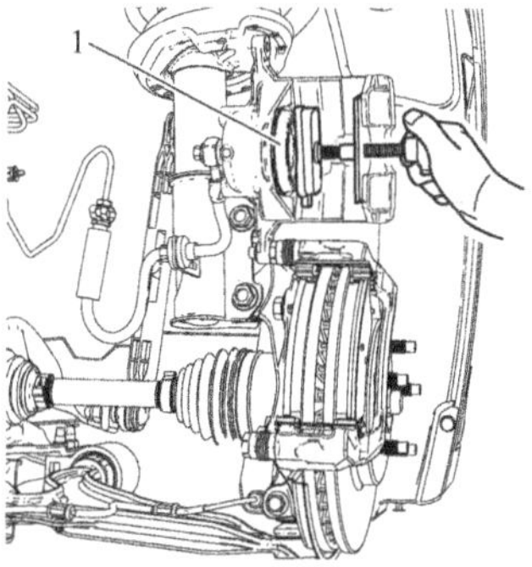
6)拆卸制动片固定弹簧 (1)将制动片固定弹簧1从制动钳托架上拆下; (2)彻底清理制动钳托架上的制动片构件接合面处的所有碎屑和腐蚀; (3)检查制动钳导销是否自由移动,并检查导销护套的状况。在支架孔内里外移动导销,但不能使滑动脱离护套,并查看是否有以下状况:制动钳导销移动受限,制动钳安装托架松动,制动钳导销卡死或卡滞,护套开裂或破损; (4)如果发现上述任何状况,则需要更换制动钳导销和(或)护套	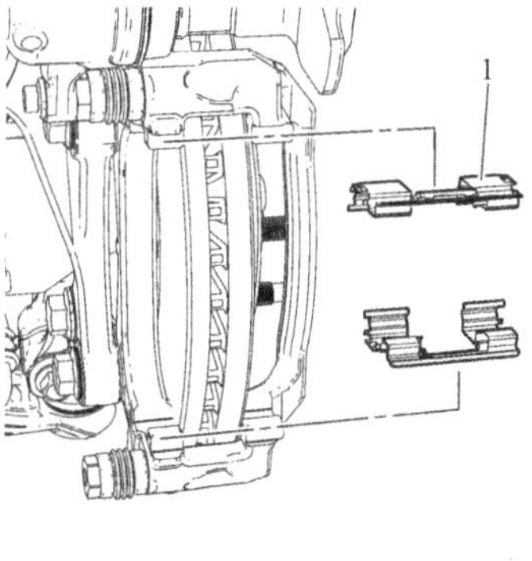

续上表

操作步骤	参考图片
7）制动片固定弹簧 (1) 确保制动片构件接合面处清洁； (2) 将制动片固定弹簧1安装至制动钳托架上； (3) 在制动片固定件上，涂抹一薄层高温硅润滑剂	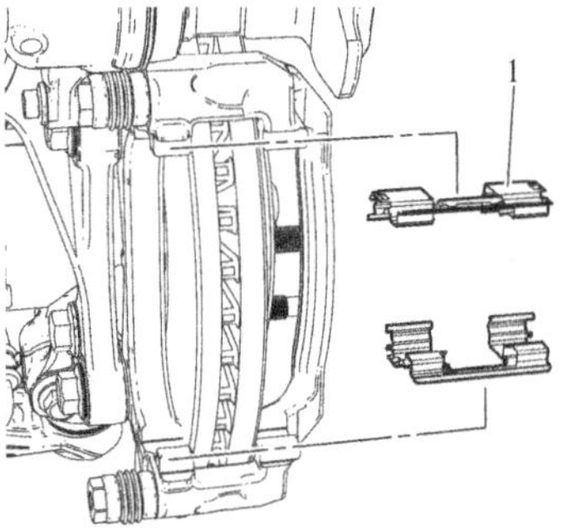
8）安装制动片 (1) 将制动片1安装至制动钳托架； (2) 注意：装有盘式制动片的磨损传感器必须安装至制动盘的内侧，且前轮转动时传感器的前边缘面向制动盘或者安装至车辆位置时固定在制动片的顶部	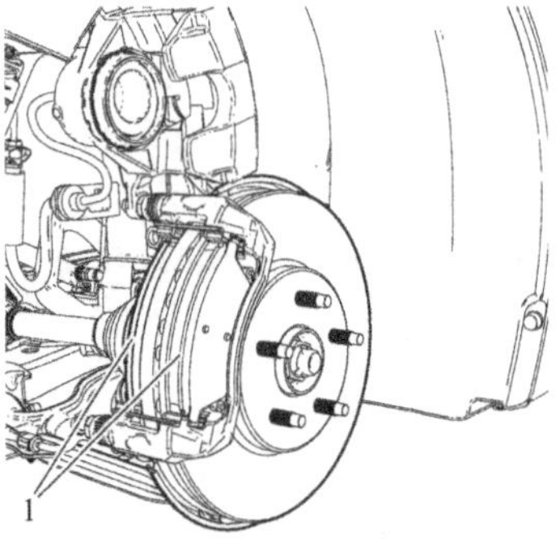
9）安装制动钳 (1) 拆下支架并将制动钳1转动到位，越过盘式制动片至制动钳安装托架； (2) 安装制动钳导销下螺栓2，并紧固至28N·m	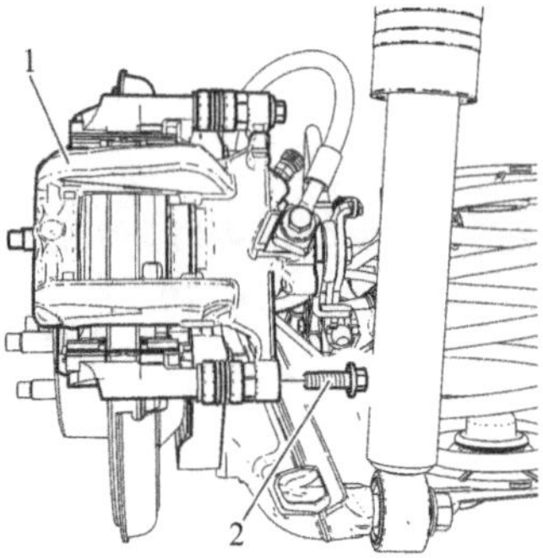
10）安装车轮总成 (1) 按图示顺序将车轮螺母紧固至140N·m； (2) 降下车辆； (3) 关闭发动机，逐渐踩下制动踏板至其行程约2/3处； (4) 缓慢地松开制动踏板； (5) 等待15s，然后再次逐渐踩下制动踏板至其行程约2/3处直到制动踏板坚实，这将使制动钳活塞和制动片正确就位； (6) 加注总泵辅助储液罐至适当液位	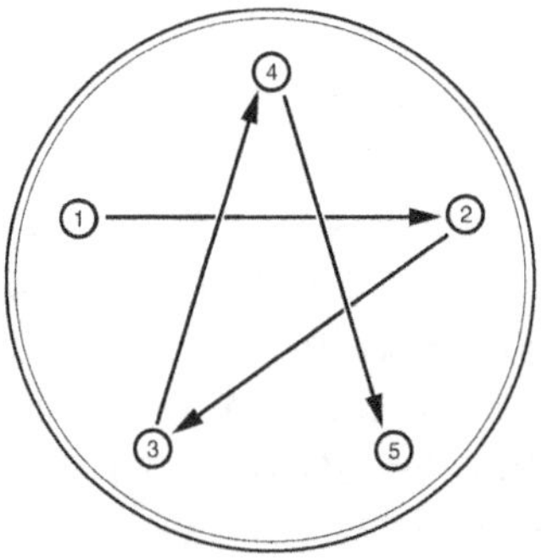

续上表

操作步骤	参考图片
11) 拆装制动盘的准备工作 (1) 举升和顶起车辆； (2) 拆下车轮固定螺栓 1 和取下车轮总成 2	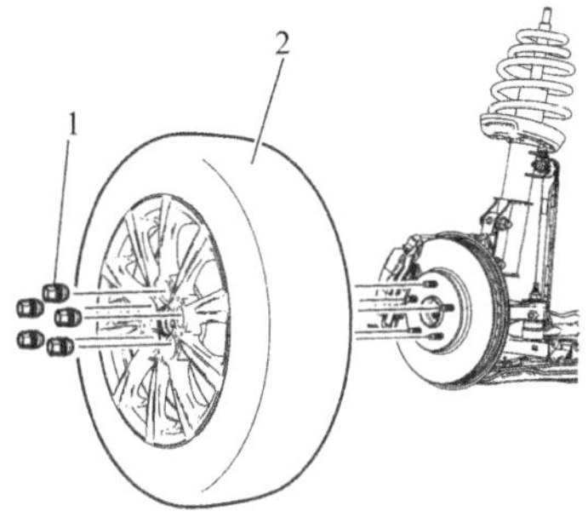
12) 压回制动钳活塞 (1) 将 C 形夹钳 1 安装在制动钳体上，使 C 形夹钳的钳嘴抵在制动钳体后部和外部盘式制动片； (2) 紧固 C 形夹钳 1，直到制动钳活塞被压入制动钳活塞孔，足以使制动钳滑过制动盘； (3) 拆下 C 型夹钳 1	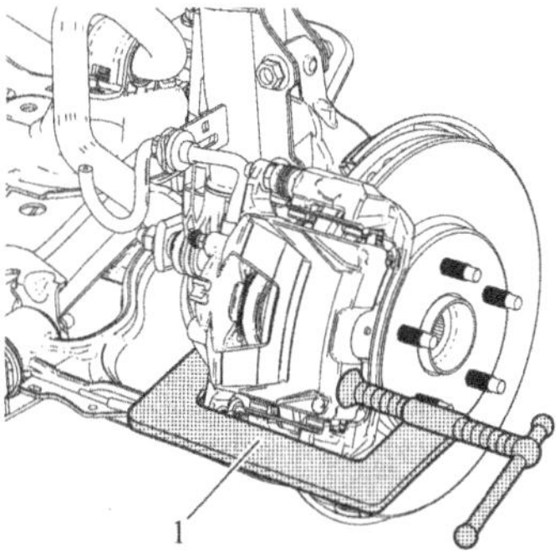
13) 拆下制动钳托架螺栓 拆下并报废制动钳托架螺栓 1	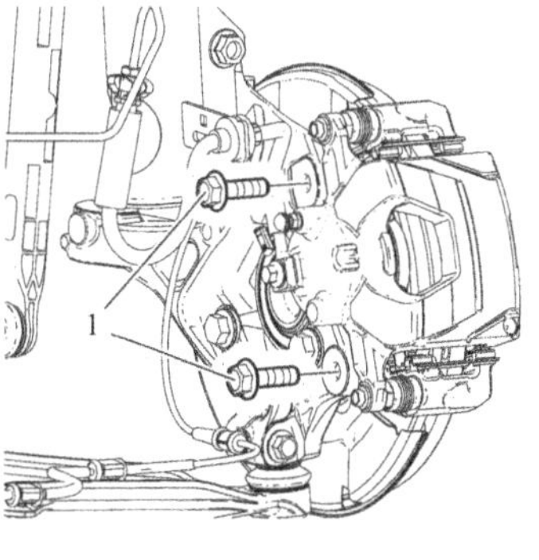
14) 拆卸制动钳 (1) 将制动钳和制动钳安装托架作为一个总成 1 从转向节上拆下，并用粗钢丝或同等工具支撑总成，确保液压制动挠性软管没有承受张紧力； (2) 告诫：无论制动钳已从其支座上分离，还是仍连接着液压挠性制动软管，都要用粗钢丝或同等工具支撑住制动钳。若不这样支撑制动钳，会使挠性制动软管承受制动钳重量，导致制动软管损坏，从而可能使制动液泄漏。 注意：切勿将液压制动挠性软管从制动钳上断开	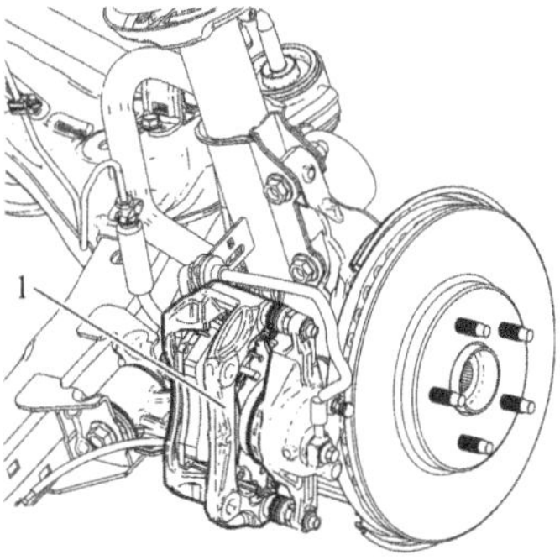

续上表

操作步骤	参考图片
15）拆卸制动盘 （1）拆下制动盘螺栓2； （2）将制动盘1从轮毂上拆下	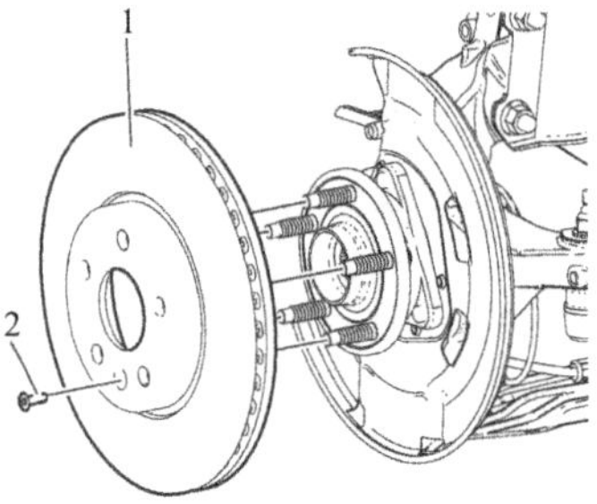
16）安装制动盘的准备工作 （1）彻底清理轮毂/车桥法兰1结合面上的锈蚀或腐蚀物； （2）彻底清理制动盘2结合面和安装面上的锈蚀或腐蚀物； （3）检查轮毂/车桥法兰和制动盘的接合面，确保没有异物或碎屑。 注意：当制动盘与轮毂/车桥法兰分离时，应清除轮毂/车桥法兰和制动盘接合面上的锈蚀或污物，否则，可能会导致制动盘装配后横向跳动量（LRO）过大，从而引起制动器脉动	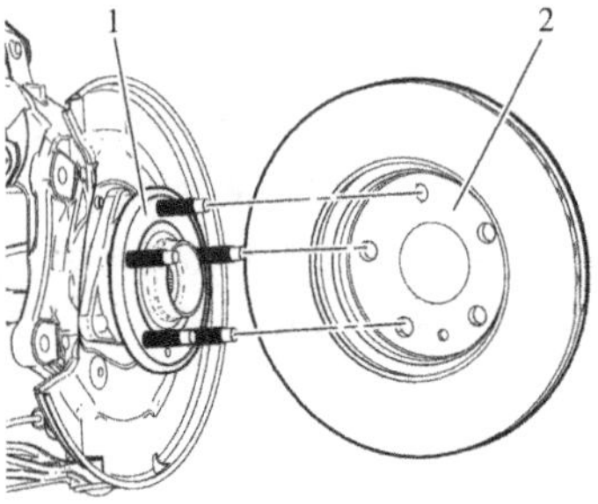
17）安装制动盘 （1）将制动盘1安装至轮毂/车桥法兰并将螺栓2紧固至9N·m； （2）如果在制动系统修理时对制动盘进行了拆装操作，则必须测量制动盘装配后横向跳动量，以确保盘式制动器的最佳性能； （3）如果制动盘装配后横向跳动量的测量值超出规格，则应使横向跳动量符合规格	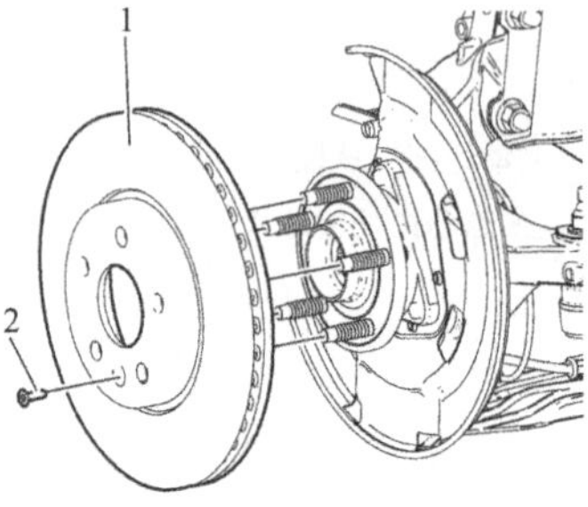
18）安装制动钳 拆下支架，将制动钳和制动钳托架作为一个总成安装至转向节	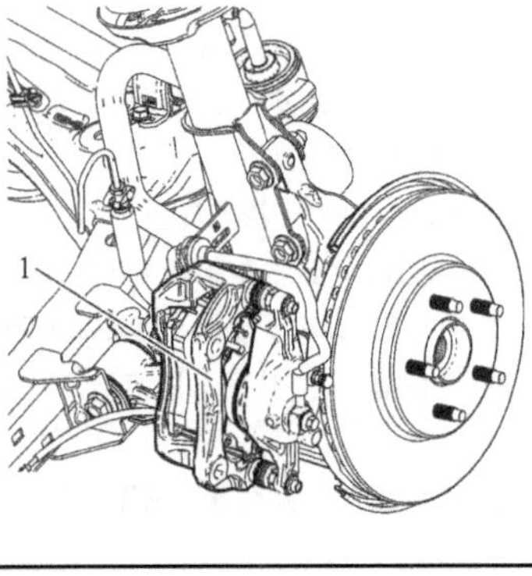

续上表

操作步骤	参考图片
19)安装制动钳托架螺栓 (1)安装新的制动钳托架螺栓1,并在第一遍将其紧固至150N·m; (2)使用 EN-45059 测量仪,最后一遍将新的制动钳托架螺栓再紧固至45°~60°	
20)安装轮胎总成 安装轮胎和车轮总成,按图示顺序将车轮螺母紧固至140N·m	

(二)鼓式制动器拆装

1. 准备工作

1)任务要求

(1)熟悉制动蹄、制动鼓、制动轮缸的装配位置关系,深入理解其作用;

(2)熟练鼓式制动器的拆装;

(3)能够查阅装配资料,按照规范流程、标准力矩拆装鼓式制动器。

2)组织方式

(1)学生自主查阅学习资料,熟悉鼓式制动器制动蹄、制动鼓、制动轮缸的装配位置关系,深入理解其作用,将装配流程及注意事项记录下来;

(2)以小组为单位,结合学习资料讨论鼓式制动器装配流程,统一意见,最终制订1套中间转向轴装配标准流程;

(3)在教师的引导下,以小组为单位准备工具,完成实操任务,每组3~6人,其中,1人担任组长,1~2人担任操作员,1人担任记录员,1人担任安全员,1人担任质检员,如人员较少,部分职责可兼任;

(4)补充鼓式制动器装配流程、注意事项,分组展示。

3)实施准备

(1)安全要求及注意事项。学员进入实训区务必穿工服,严格遵守实训区安全作业规程,严禁非专业人员或无实训教师在场的情况下私自操纵举升机、带电设备。

(2)场地设施。满足理论及实践教学的工学一体化教学及实训场地。

(3)工具设备或耗材。汽车制动系统鼓式制动器装配技能实训的工具设备或耗材见表 5-3。

鼓式制动器拆装技能实训的工具设备或耗材　　　　表 5-3

名称及数量	对应图片
科鲁兹实训轿车 1 辆	
举升机 1 台	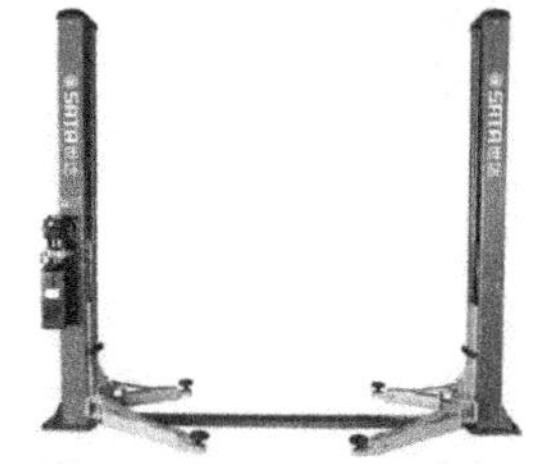
工具箱 1 套	
大号、中号、小号扭力扳手各 1 把	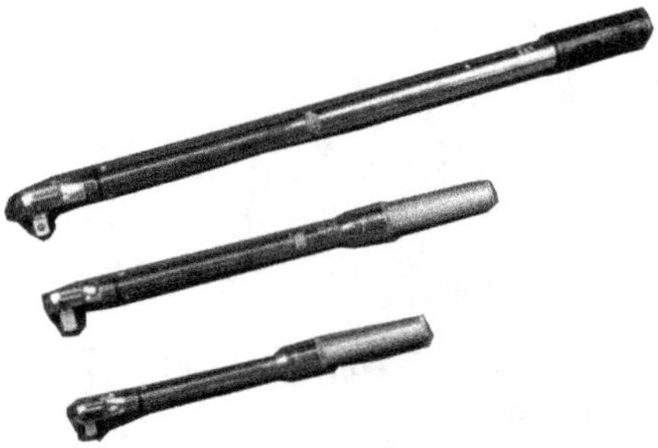

模块五　智能汽车制动系统装配与检查

续上表

名称及数量	对应图片
EN-45059 一个	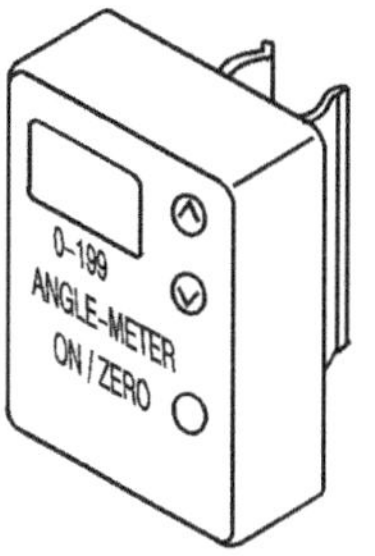
CH-346 一个	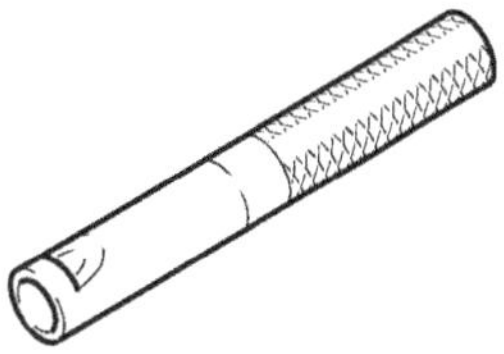

2. 实施步骤

鼓式制动器拆装装配技能实训的实施步骤见表 5-4。

鼓式制动器拆装装配技能实训的实施步骤　　表 5-4

操作步骤	参考图片
1）拆卸制动鼓的准备工作 （1）检查以确保驻车制动器已完全释放； （2）举升和顶起车辆	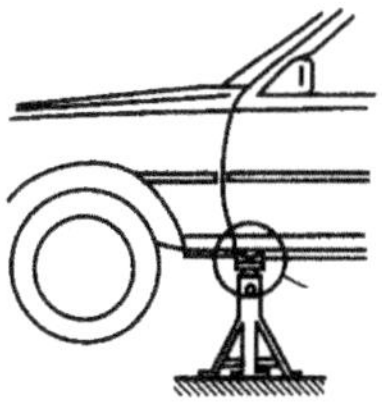
2）拆卸车轮总成 （1）拆下车轮固定螺栓 1； （2）取下车轮总成 2	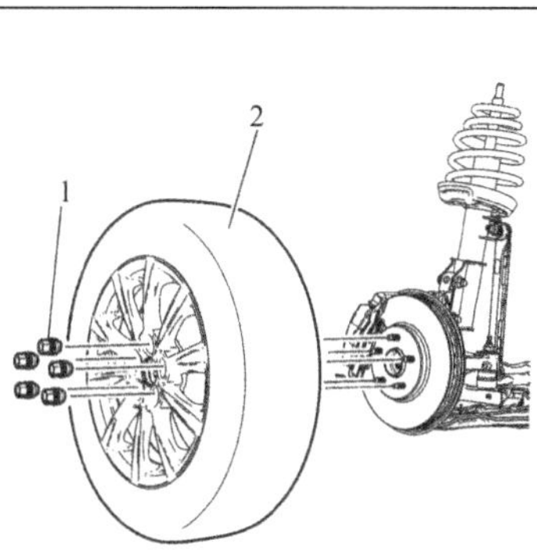

151

续上表

操作步骤	参考图片
3）拆卸制动鼓 （1）拆下制动鼓螺钉1； （2）拆下制动鼓2； （3）如果制动鼓被重新安装至车辆，清除制动鼓2的轮毂/法兰接合表面上的锈蚀； （4）清洁轮毂法兰	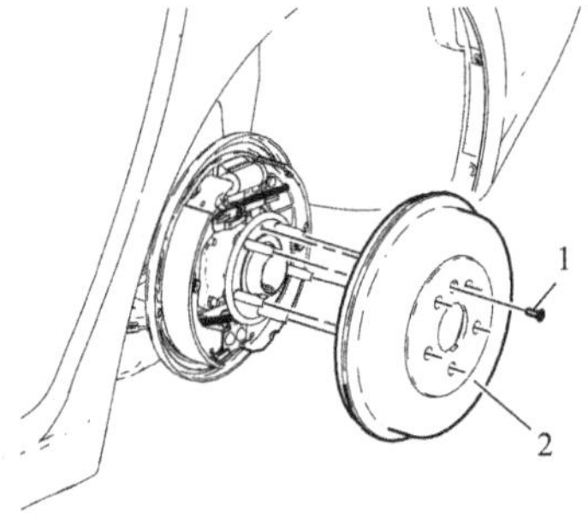
4）安装制动鼓 （1）如要安装新的制动鼓2，使用工业酒精或同等制动器清洗剂和干净的抹布，清除制动鼓摩擦表面上的保护涂层； （2）调节鼓式制动器； （3）安装鼓式制动器； （4）安装鼓式制动器螺钉1，并紧固至7N·m	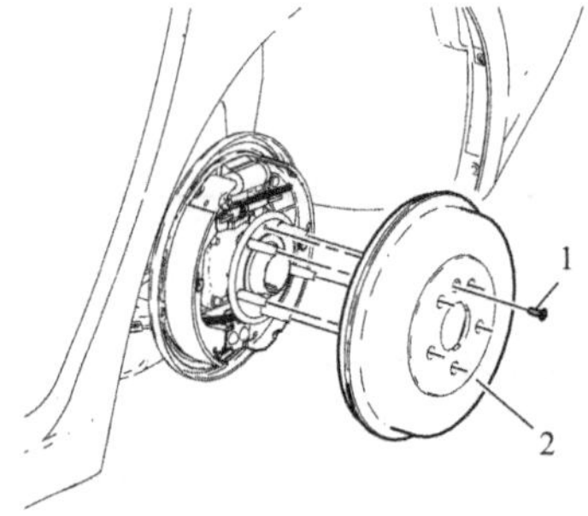
5）安装车轮总成 （1）安装轮胎和车轮总成，按图示顺序将车轮螺母紧固至140N·m； （2）降下车辆； （3）踩下制动器踏板约3次，以便安装和对中制动鼓中的制动蹄	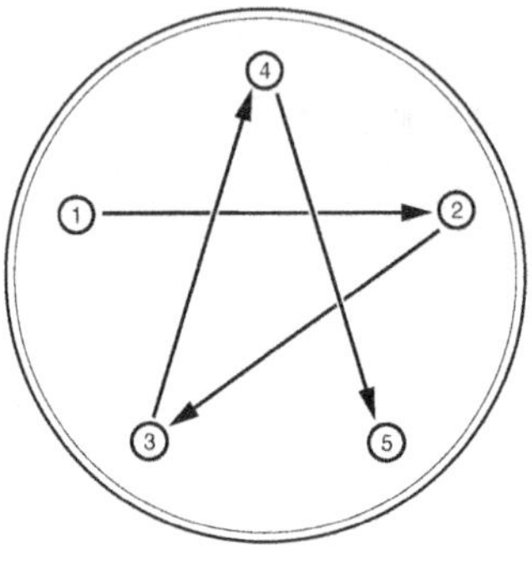
6）拆卸制动蹄的准备工作 （1）检查以确保驻车制动器已完全释放； （2）举升和顶起车辆	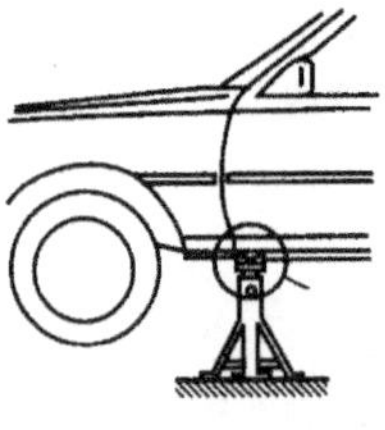

续上表

操作步骤	参考图片
7)拆卸车轮总成 (1)拆下车轮固定螺栓1; (2)取下车轮总成2	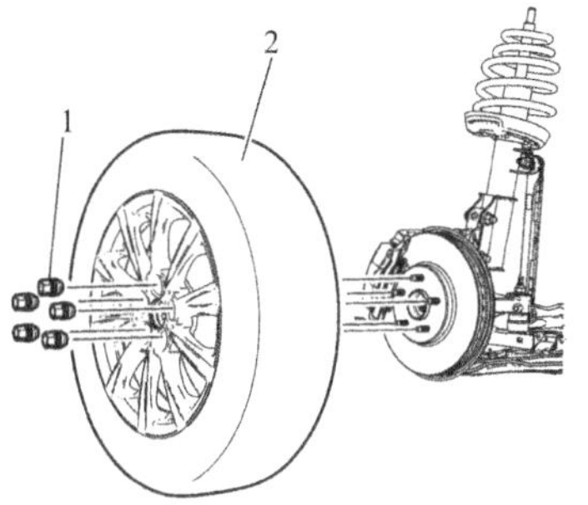
8)拆卸制动鼓 (1)拆下制动鼓螺钉1; (2)拆下制动鼓2	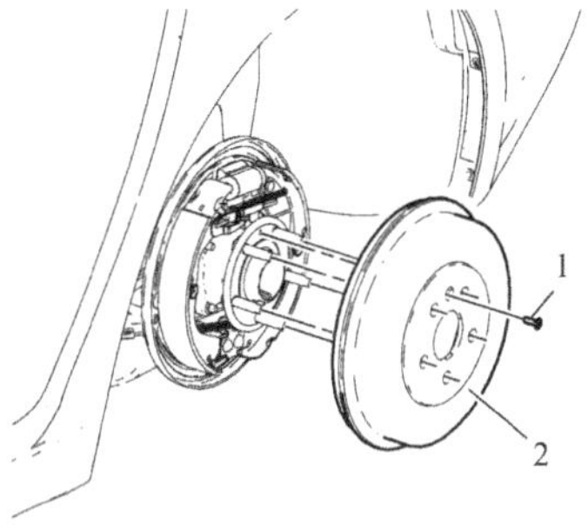
9)拆卸调节弹簧 (1)拆下调节弹簧1; (2)将调节器弹簧弯钩端与调节器执行器杆上的凸舌分离,然后释放制动蹄辐板孔上的弹簧。 告诫:切勿拉长调节器弹簧。如果过度拉伸弹簧,可能发生损坏	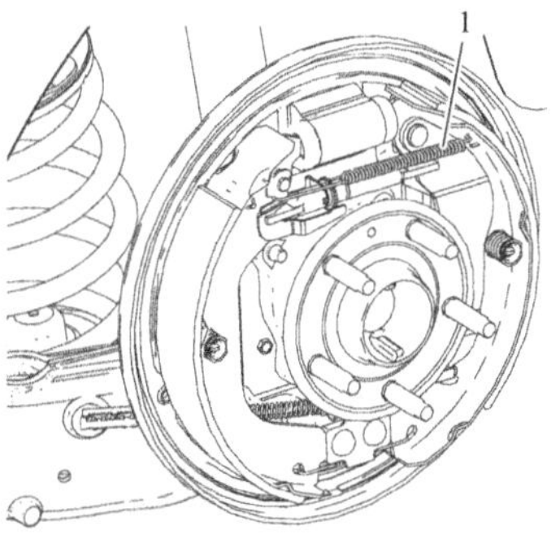
10)拆卸调节器总成 (1)将调节器执行器杆1与调节器总成2分离; (2)拆下调节器总成2	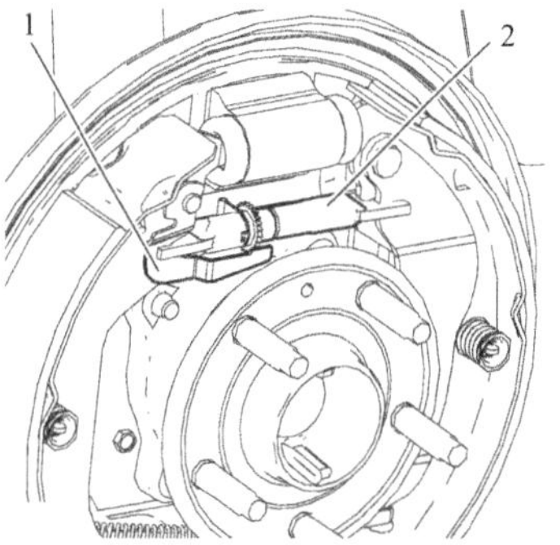

续上表

操作步骤	参考图片
11）拆下制动蹄弹簧 (1) 拆下制动蹄弹簧1； (2) 使用 CH-346 安装工具拧动弹簧帽2	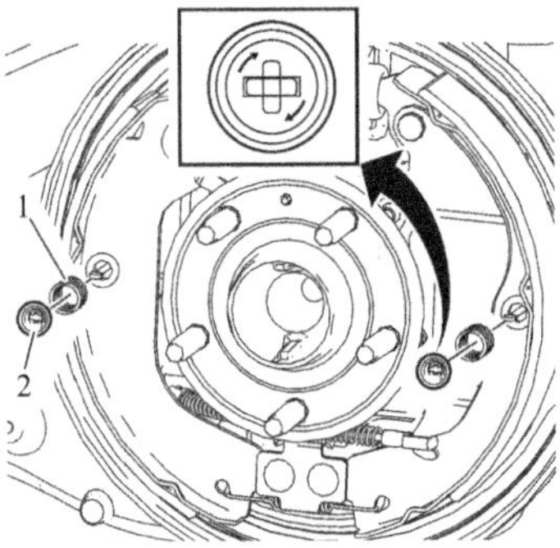
12）拆卸制动蹄 (1) 拆下制动蹄1； (2) 将下弹簧4从前制动蹄上拆下； (3) 将驻车拉索3从驻车制动杆2上拆下	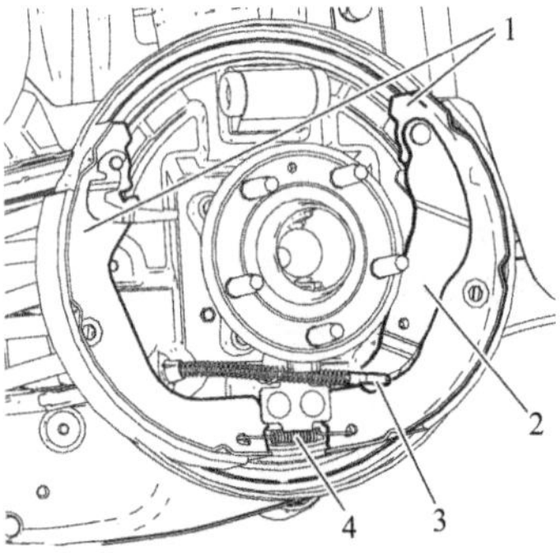
13）安装调节器总成 (1) 将调节器总成2安装至调节器执行器杆1； (2) 尽可能旋转调节器	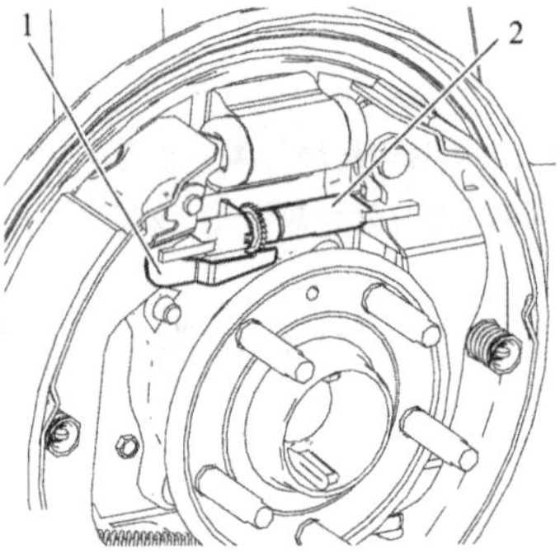
14）安装制动蹄 (1) 将驻车拉索3安装至驻车制动杆2上； (2) 将下弹簧4安装至前制动蹄； (3) 安装制动蹄1	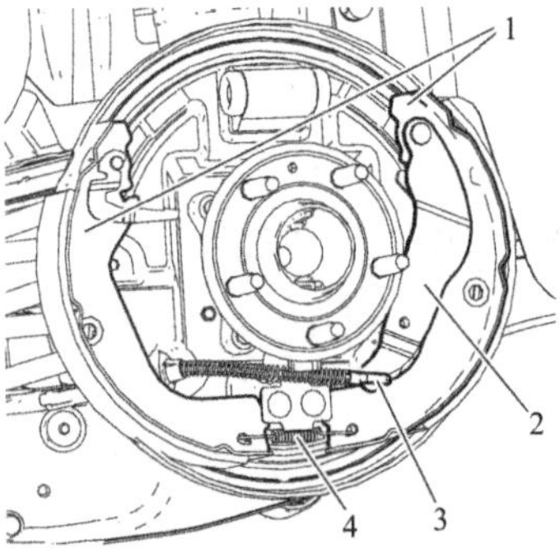

续上表

操作步骤	参考图片
15）安装制动蹄弹簧 （1）安装制动蹄弹簧1； （2）使用 CH-346 安装工具拧动弹簧帽2	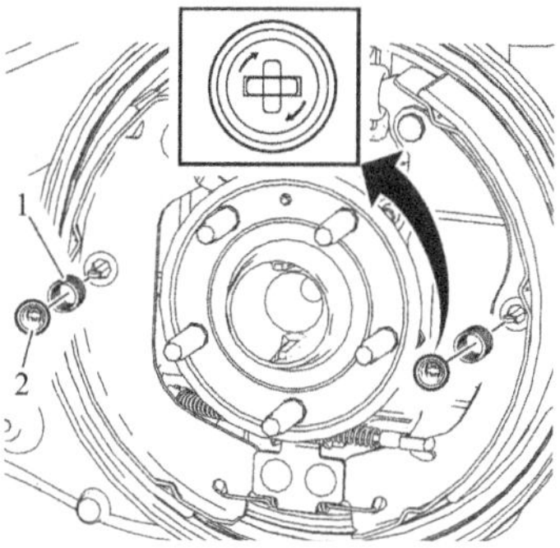
16）安装调节弹簧 （1）安装调节弹簧1； （2）确保弹簧上的搭扣与执行器杆上的凸舌充分接合	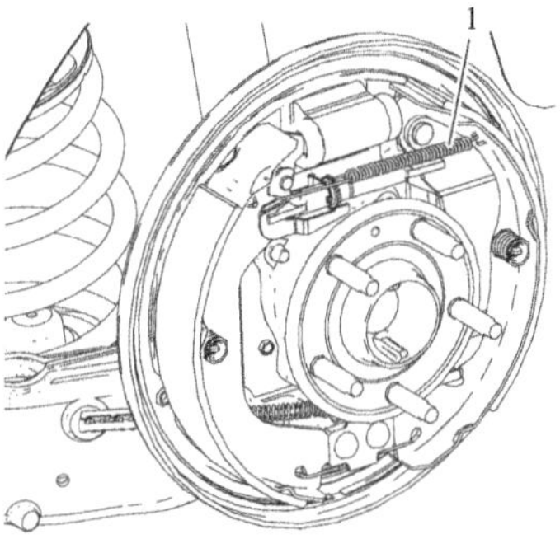
17）安装制动鼓 （1）安装制动鼓2； （2）安装鼓式制动器螺钉1，并紧固至7N·m	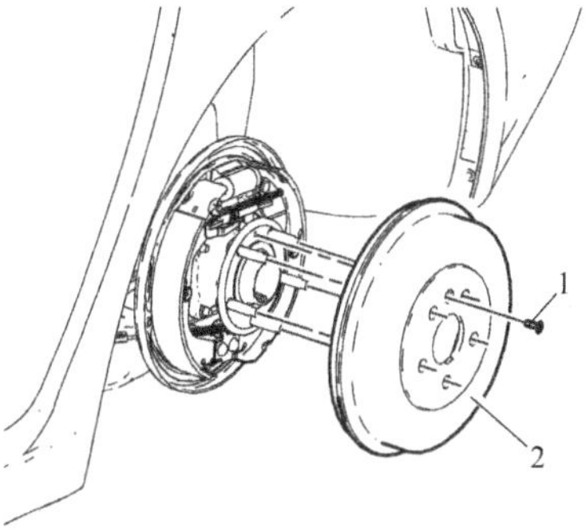
18）安装车轮总成 （1）安装轮胎和车轮总成，按图示顺序将车轮螺母紧固至140N·m； （2）降下车辆； （3）踩下制动器踏板约3次，以便安装和对中制动鼓中的制动蹄	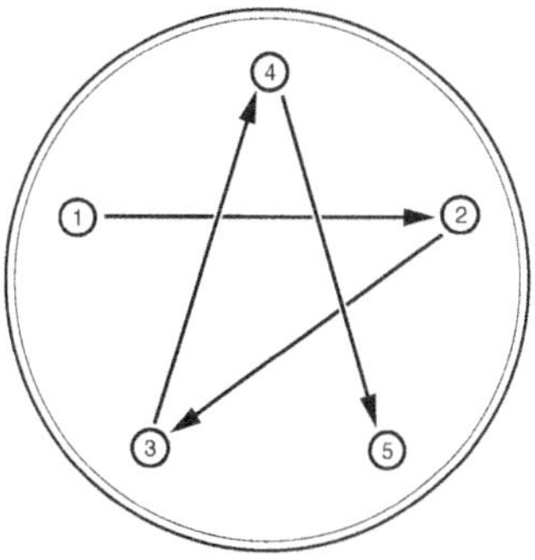

（三）线控制动系统拆装

1. 准备工作

1）任务要求

（1）根据任务描述中的案例，需要学生认知线控制动系统的构造。

（2）能够熟练在线控制动实训台上，阐述线控制动系统各组成零部件的安装位置和功用。

（3）能够熟练对智能网联实训车辆的线控制动系统进行拆装操作。

2）组织方式

（1）学生自主查阅学习资料，熟悉线控制动系统的整体结构、拧紧力矩、拆装流程，将拆装流程及注意事项记录下来；

（2）以小组为单位，结合学习资料讨论线控制动系统拆装流程，统一意见，最终制订1套线控制动系统拆装标准流程；

（3）在教师的引导下，以小组为单位准备工具，完成实操任务，每组3~6人，其中，1人担任组长，1~2人担任操作员，1人担任记录员，1人担任安全员，1人担任质检员，如人员较少，部分职责可兼任；

（4）撰写线控制动系统拆装流程，分组展示。

3）实施准备

（1）安全要求及注意事项。

①注意警示牌摆放，准备安全防护用品（戴安全帽、绝缘手套），严格遵守实训车间的安全规范。

②检查举升机使用情况，保证其正常。选择合适场地，场地宽敞，无障碍物。

③检查网络是否畅通，检查电源是否正常，电路检测时，学员应在指定工作区域，以免随意走动造成干扰。

（2）场地设施。理实一体化教学教室，能够容纳20~30人的学习桌椅。

实训台架充足，连接线束充足。

（3）工具设备或耗材。线控制动系统拆装技能实训的工具设备或耗材见表5-5。

线控制动系统拆装技能实训的工具设备或耗材　　　　表5-5

名称及数量	对应图片
智能网联实训车辆1台	

续上表

名称及数量	对应图片
线控制动实训台架 1 台	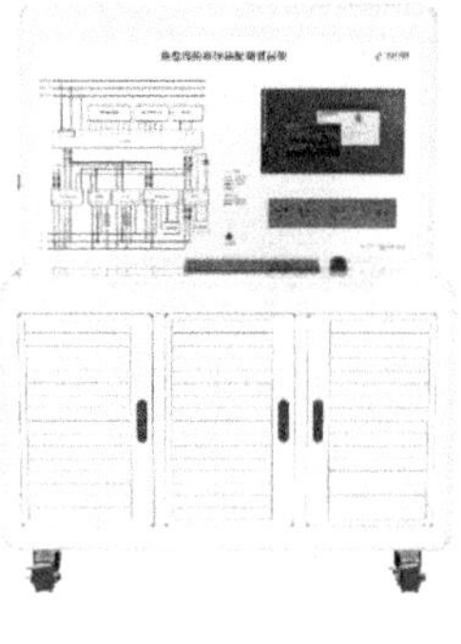
举升机 1 台	
工具箱 1 套	
大号、中号、小号扭力扳手各 1 把	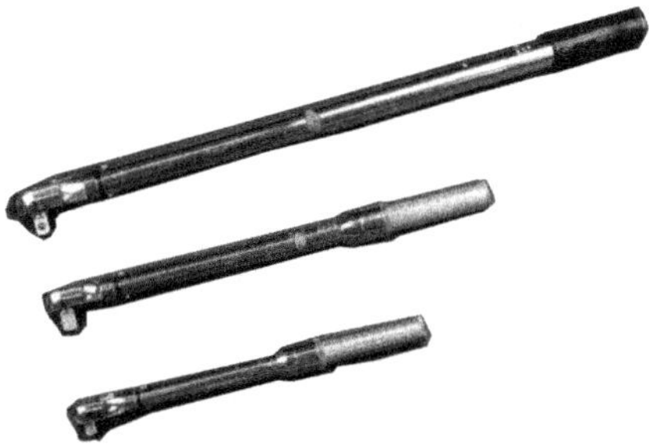

续上表

名称及数量	对应图片
轮胎扳手 1 个	

2. 实施步骤

线控制动系统拆装技能实训的实施步骤见表 5-6。

线控制动系统拆装技能实训的实施步骤　　　　表 5-6

操作步骤	参考图片
1）松开轮胎固定螺栓 举升车辆之前,先用轮胎扳手拧松 4 个车轮的固定螺栓。 注意:按对角线拧松车轮固定螺栓	
2）举升车辆 检查汽车是否在举升位置（箭头标记处）,举升垫块是否牢固。检查完毕后举升车辆,将车辆举升至适当高度。 注意:举升车辆之前确保周围人员的安全	
3）拆卸车轮 （1）拆卸车轮固定螺栓; （2）取下 4 个车轮并妥善放置	

续上表

操作步骤	参考图片
4）拆卸轮缸处制动油管 （1）拧松并取下轮缸处制动油管固定螺栓； （2）拆卸制动油管，并取下密封圈。 注意：制动液容易导致环境污染，需要回收	
5）拆卸制动器及制动块 （1）拧松并取下制动钳、活塞总成固定螺栓； （2）拆卸总成后，取下制动块	
6）拆卸制动钳支架 （1）拧松并取下制动钳固定螺栓； （2）拆卸制动钳支架； （3）按步骤1）~步骤6）流程完成其余车轮制动系统拆卸	
7）拔下插接器 （1）将线控制动器总成主插接器拔下； （2）将分离制动旋变编码器插接器拔下	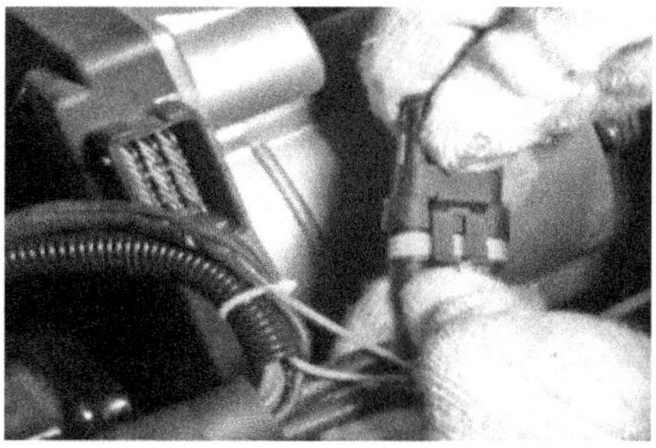

续上表

操作步骤	参考图片
8）拆卸制动油管 （1）拧松制动油管螺母； （2）拆卸制动油管。 注意：制动液容易导致环境污染，需要回收	
9）拆卸线控制动器总成 两名同学配合拆卸线控制动器总成。 （1）甲同学在前机舱用手固定线控制动器总成； （2）乙同学在驾驶室内将制动灯开关插接器拔下，然后拆卸自动踏板总成与线控制动器总成的固定螺母及锁销	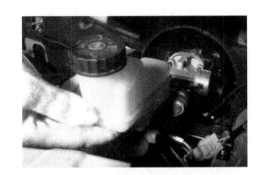
10）取出线控制动器总成 （1）乙同学在驾驶室内将制动踏板总成取下； （2）甲同学在前机舱内将线控制动器总成取下	
11）安装线控制动器总成 （1）甲同学在前机舱将线控制动器总成固定在安装位置； （2）乙同学在驾驶室内将踏板总成固定在安装位置； （3）乙同学在驾驶室内安装固定螺母（按规定力矩拧紧）及锁销，并插好制动灯开关插接器	

续上表

操作步骤	参考图片
12）安装制动油管 拧紧制动油管固定螺母，拧紧力矩 14N·m	
13）连接插接器 (1) 将制动旋变编码器插接器插好； (2) 将线控制动器总成主插接器插好	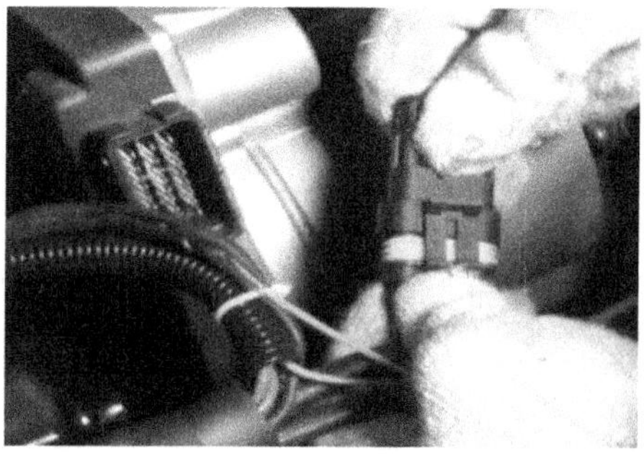
14）安装制动钳支架 (1) 将制动钳支架安装到转向节上； (2) 拧紧固定螺栓，拧紧力矩 35N·m	
15）安装制动钳及制动块 (1) 将制动块放到制动钳支架上； (2) 安装制动钳及活塞总成； (3) 拧紧固定螺栓，拧紧力矩 35N·m	

续上表

操作步骤	参考图片
16)安装轮缸处制动油管 (1)安装制动轮缸油管、密封圈; (2)拧紧固定螺栓,拧紧力矩14N·m; (3)按步骤11)~步骤16)流程完成其余车轮制动系统安装	
17)加注制动液 (1)加注制动液,并对制动系统进行排气; (2)排气按照由远及近原则,右后、左后、右前、左前的顺序进行排气	
18)制动系统排气 (1)乙同学在驾驶室内连续踩制动踏板,最后一下踩下制动踏板不松开; (2)甲同学在车轮处将制动轮缸上的排气孔螺栓松开; (3)以上过程连续操作3~5次,直至所排出的制动液中不含气泡为止	 

续上表

操作步骤	参考图片
19）安装车轮 安装 4 个车轮，先用手带上轮胎螺栓，然后按对角线用轮胎拆装工具扳手进行预紧	
20）拧紧轮胎紧固螺栓 （1）操作举升机，将车辆落至地面； （2）用轮胎扳手对角线拧紧车轮固定螺栓，规定力矩为 120N·m	

二、技能考核标准

技能考核标准见表5-7。

技能考核标准　　　　　　　　　　　　　　　　　　　　　表5-7

序号	项目	评价内容	评价分值	学生自评	学生互评	教师评价	综合评价
1	时间要求	能按照规定时间完成任务	5				
2	质量要求	工作计划制订合理	15				
3		认真查阅资料，按流程操作	15				
4		力矩规格、参数输入准确	15				
5		车辆及系统运行可靠	10				
6		能进一步完善工作计划	5				
7	安全意识	穿工服、绝缘鞋、佩戴安全帽、绝缘手套、护目镜等防护用品	5				
8		注重车辆防护	5				
9		杜绝安全隐患	10				

续上表

序号	项目	评价内容	评价分值	学生自评	学生互评	教师评价	综合评价
10	环保意识	工具、废弃物及时处理	5				
11		注重环境卫生保持与清洁	5				
12	职业精神	一丝不苟、追求卓越	5				
		合计	100				

思考与练习

一、判断题

1. 盘式制动器制动效能比鼓式制动器好,是因为盘式制动器有自增力作用。（   ）
2. 制动时,不旋转的制动蹄对旋转的制动鼓作用一个摩擦力矩,其方向与车轮旋转方向相反,所以,车辆能减速甚至停止。（   ）
3. 定钳盘式制动器轴向和径向尺寸较小,制动液受热气化的机会较少。（   ）
4. 驻车制动装置主要用来使汽车可靠地在原地(包括在斜坡上)停驻。驻车制动装置还有助于汽车在坡道上起步。（   ）
5. 真空助力式液压制动传动装置是利用真空阀开启高压空气,通过助力器帮助踏板推力来增大制动作用的。（   ）
6. 电子驻车制动系统比传统的拉杆驻车制动更安全,不会因驾驶人的力度而改变制动效果,缓解了力量不够而拉不紧驻车制动所带来的不便。（   ）
7. EHB 不但能够提供高效的常规制动功能,还能发挥包括 ABS 在内更多辅助功能。（   ）
8. EHB 制动踏板单元取代传统制动系统中的真空助力部分来驱动液压。（   ）
9. 电子液压制动系统的 Two Box 方案是指将制动系统电子助力器和 ESP 模块集成为一体。（   ）
10. EMB 具有在 ABS 模式下踏板无回弹振动、几乎无噪声的优点。（   ）

二、选择题

1. 对制动系统的要求不正确的是(   )。
   A. 良好的制动效能　　　　　　B. 操纵轻便
   C. 良好的散热性　　　　　　　D. 制动甩尾
2. 盘式制动器,制动盘固定在(   )。
   A. 轮毂上　　　　　　　　　　B. 转向节上
   C. 制动鼓上　　　　　　　　　D. 活塞上
3. (   )制动器是非平衡式制动器。
   A. 领从蹄式　　　　　　　　　B. 双领蹄式
   C. 双向双领蹄式　　　　　　　D. 双从蹄式
4. 在行车制动装置失效后,(   )制动器可用于应急制动。

A. 盘式 B. 鼓式
C. 驻车 D. 行车

5. 制动液在制动系统中(　　)。
A. 连接踏板与主缸 B. 提供制动力
C. 润滑制动盘 D. 传递制动力

6. 下列几种形式的制动传动机构中,(　　)制动传动机构仅用在驻车制动上。
A. 机械式 B. 液压式
C. 气动式 D. 以上均不是

7. 真空助力器安装在制动主缸(　　)、制动踏板之前。
A. 之后 B. 之前
C. 左面 D. 右面

8. EMB 系统取消了传统液压制动系统中机械式传力机构和真空助力器,取而代之的是(　　)。它将作用在踏板上的力和速度转化为电信号,输送到中央电子控制单元。
A. 制动执行器 B. 踏板模拟器
C. 中央电子控制单元 D. 电子踏板模块

9. 根据制动执行机构的不同,线控制动系统可以分为三种,以下哪种不是线控制动系统的分类(　　)。
A. EHB B. EMB
C. HBBW D. EBD

10. 下列不属于电子机械制动系统主要组成部分的是(　　)。
A. 执行机构 B. 中央控制器
C. 制动踏板模块 D. 液压驱动单元

参考文献

[1] 上汽通用汽车有限公司.汽车转向与悬架系统及检修[M].北京:高等教育出版社,2022.

[2] 上汽通用汽车有限公司.汽车制动系统及检修[M].北京:高等教育出版社,2022.

[3] 赵振宁,王慧怡.新能源汽车底盘电控系统原理与检修[M].北京:北京理工大学出版社,2019.

[4] 谢金红,毛平.新能源汽车底盘检修[M].北京:人民交通出版社股份有限公司,2018.

[5] 王希珂,詹海庭.智能网联汽车底盘线控执行系统安装与调试[M].北京:机械工业出版社,2022.

[6] 李东兵,杨连福.智能网联汽车底盘线控系统装调与检修[M].北京:机械工业出版社,2021.

[7] 王东燕.汽车智能底盘的关键技术(一)[J].汽车维护与修理,2024(9):70-75.

[8] 黄艳艺,王能.检测车辆转向器中蜗杆磨损装置的改进[J].漳州职业技术学院学报,2023,25(2):80-83.

[9] 丘马火.浅谈基于线控转向系统的智能驾驶技术发展趋势[J].重型汽车,2023(1):26-27.

[10] 佚名.四轮转向技术的发展前景[J].汽车零部件,2011(8):21-22.

[11] 熊磊.领先:四轮转向系统[J].南北桥,2009(1):34-35.

[12] 陈雷,章磊,许栋.汽车底盘结构拆装与检修[M].北京:机械工业出版社,2023.

[13] 王小娟.汽车底盘构造与维修[M].北京:机械工业出版社,2024.